DE AQUELLOS ANAWIM

A ESTOS

Carlos Díaz

DE AQUELLOS ANAWIM
A ESTOS

EDITORIAL ANAWIM, 2025

© Del texto, Carlos Díaz Hernández, 2025
© De esta edición, Editorial Anawim, 2025

Cubierta maquetada por María Giménez-Arnau
Web: mariagimenezarnau.com

ISBN: 978-84-128851-5-6
Dpto. legal: M-20727-2025

Editorial Anawim S.L.
CIF: B-10812618
C/Condesa de Venadito 17, 4ºD
28027 Madrid
Web: anawim.es
Información y propuestas: anawimperiodico@gmail.com

ÍNDICE

La muerte no debería acaparar los titulares de la vida, sino a la inversa

Estoy bajo el impacto de la muerte cercanísima de mi esposa; la muerte no cercanísima aún, dicho con todo respeto, no es muerte. Y no sé si es más incomprensible la vida que la muerte, o esta que aquella; en realidad, ambas se copertenecen y quien no entiende la una no podrá entender la otra. Una de las peores separaciones que solemos llevar a cabo los seres humanos es la disyunción entre lo vivo y lo muerto, ignorando lo vivo de lo muerto y lo muerto de lo vivo.

A uno de los filósofos más cobardes que he leído al respecto ha sido a Epicuro, cuyo lema adquirió notoriedad universal y rezaba así: «mientras la muerte no esté, yo estoy; cuando ella llegue, yo no estaré». Por inverosímil que pueda parecer, se trata de un consuelo balsámico para los más miedosos y para quienes no cuentan con el posible libro de reclamaciones de sus deudos y deudores: viven sin vivir en sí, es decir, sin libro de reclamaciones. Tú, Epicuro, jugando al escondite puerilmente, dices que no estás, pero ¿y tus amigos, tú que tanto ensalzabas la amistad, farsante?

No sé de dónde le vendría a Epicuro tanto miedo, pero más que a sus tranquilizantes predicaciones se asemeja a la mala pedagogía con los infantes que por su corta experiencia existencial apenas pueden comprender la complejidad ni la cercanía del mal; para ellos la muerte, ininteligible, es cosa de otros. Pero eso dista de hacerse como niños, ni tampoco es la inocencia predicada por Nietzsche, eso es la infantilización y la alienación de una vida afrontada.

Para muchos, lo ideal resulta ser paridos entre algodones y estar lo más lejos posible del hedor de la muerte cuando ésta se nos pega a la espalda. Hasta nos arrancaríamos a tiras la piel de todo el cuerpo para evitar la pegajosa y desvergonzada adherencia de ese buitre que viene a roer nuestras entrañas por la fuerza insuperable de esa horrible contaminación que la Parca impone indefectiblemente. Haría falta un Francisco de Asís para esperar alegre y abrazar a la hermana muerte como parte complementaria de la vida, es decir, mucha categoría.

Como terapeuta constato ese estrago una, otra, y otra vez. Para alcanzar el desapego amoroso de san Francisco ha hecho falta haber amado mucho, pues por lo general la mayoría de las personas se va al otro mundo (si es aquí cabe hablar de "otro mundo", puro eufemismo) a regañadientes y culpando a quien pasaba por allí, ya sea por la brevedad de la vida, o por su inmisericordia con nosotros, pues nos echa al cubo de la basura sin fama ni gloria. Hablo de desapego amoroso, no de desapego cínico. Así pues, lo que la vida nos dio entre alabanzas se lo llevó luego el dolor y la desesperación de la perra muerte. *Sicut vita, finis ita*: según se vivió, así se morirá.

Los verdaderos arrepentimientos de última hora son pocos, pues están signados por un miedo insuperable, es decir, por el deseo de no morir a cambio de la promesa de un arrepentimiento a la desesperada que no suele ser demasiado sincero. Pues, si surte efecto positivo la falsa contrición ante la pelona, es decir, la puerca lavada, insiste y nos lleva finalmente al vómito, como si a la muerte pudiera engañársela. En la mesa y en el juego, decían los clásicos de la literatura española, se conoce al caballero, pero, sobre todo, creo yo, en la hora de la muerte, que es la hora de la verdad de la vida. Ante ella los malos jugadores procuran usar cartas marcadas para alargar el juego sucio: antes sucio que muerto es su lema. Esto, obviamente, hablando en términos generales, no universales.

De todos modos, cuando muere uno de los dos, muere el de en medio. Cada persona es un mundo. y dos son tres. Personalmente me encanta visitar los cementerios ahora que ya no temo la muerte, pero las lápidas, como he escrito alguna vez, son auténticos tratados de ontoteología. Un día damos un paseo y comentamos las lápidas, si ustedes lo quieren; es un gran paseo por la vida; no les cobraré una moneda como guía del Hades.

Pero todo esto son filosofemas, y no por leer un denso o florido escrito sobre el morir (la muerte no es morir, morir se acaba) puede uno concitar la atención del lector. La muerte es tan importante dentro de la vida, que yo mismo llevaba hasta hoy sin escribir una sola letra desde que murió mi esposa va ya para dos meses, algo en mí inexplicable. No me reconozco en su turbulencia.

Sin embargo, nadie puede entender su propia muerte ni la ajena más allá de los análisis de laboratorio. La muerte saca a la luz y engorda el cajón de los tópicos. Así que hablo desde una experiencia irrepetible, por mucho que tal experiencia haya sido similar en otros muchos relatos de millones de gentes. Mi esposa Julia solamente tenía una preocupación: no ser una carga ante la eventualidad de una enfermedad tipo alzhéimer o similares, y pedía a Dios que se la llevara entera de forma fulminante para no molestar a quienes tanto amaba. Bastaba con un manotazo duro, y el Señor se lo concedió. Yo acepto la sabiduría de Dios que es mayor que mis doctoradillos y licenciaturitas. El Señor nos la dio, el Señor nos la quitó, gloria al Señor.

Sólo tengo un pesar, el de no haberme dado tiempo a despedirme de ella con un fiestón por todo lo alto para manifestarle que su vida ha sido una fiesta de fiestas, lo mejor que nos ha pasado a la familia entera, y que mientras ella viva nosotros no moriremos, pues ella y nosotros somos todos para uno y uno para todos, y así será hasta que el Señor nos llame. Mi convicción personalista y comunitaria de que la persona es relación eterna, un *hapax* definitivo, se ha consolidado por encima de la muerte, de la salud, y de la enfermedad.

Para mí vivir sin ella es morir con ella. Y morir con ella es también esperar también lo eterno. Toda caduca y yo también. Y todo sirve, por tanto, a mí también. Pasa un día buscando al siguiente, y pasa el siguiente y ella misma siempre es presencia futuriza. Hasta el futuro es presencia suya, pero no ausencia de toda realidad, porque ella es mi todo, aunque éste se encuentre ya demediado. Pues, mi todo está en el Todo del Señor nuestro que nos ha hecho maravillosamente suyos.

Esto parece al final un peñazo de metafísica, pero es un breve epítome de sentimientos al mismo tiempo, incluso con todos sus errores cognitivos y afectivos. Nada quiero devaluar ni derogar. Lo acepto totalmente, con la máxima firmeza que puede dar la máxima debilidad. El pesimismo tiene un prestigio que no merece, o que al menos yo no le concedo. Para mí vivir sin ella es morir con ella. Y morir con ella implica esperar también lo eterno.

Todo caduca, y yo no voy a ser excepción, pero todo puede servir para derrotar la desesperación. No sé si seré un melifluo hiperbólico, pero tengo por un tesoro este poema agustino-escocés que guardaba nuestra esposa y madre, y que

nuestra hija Esther leyó durante el funeral con profunda
determinación a pesar del ahogo de su pena:

Cuando tenga que dejarte por un corto tiempo,
por favor, no te entristezcas, ni derrames lágrimas,
ni te abraces a tu pena a través de los años;
por el contrario, empieza de nuevo
con valentía y con una sonrisa
por mi memoria y en mi nombre,
vive tu vida, y haz las cosas igual que antes.
No alimentes tu soledad con días vacíos,
sino llena cada hora de manera útil.
Extiende tu mano para confortar y dar ánimo
y a cambio, yo te confortaré
y te tendré cerca de mí.
Y nunca, nunca, tengas miedo de morir,
porque yo estaré esperándote en el cielo.
Puedes llorar porque se ha ido,
o puedes sonreír porque ha vivido;
Puedes cerrar los ojos y rezar para que vuelva,
o puedes abrirlos y ver todo lo que ha dejado;
tu corazón puede estar vacío porque no lo puedes ver,
o puede estar lleno del amor que compartiste;
puedes llorar, cerrar tu mente, sentir el vacío
y dar la espalda, o puedes hacer
lo que le gustaría:
sonreír, abrir los ojos, amar y seguir.

Mi existencia discurre hoy por los cauces oficiales de
la jubilación y se enmarca en las así llamadas "clases pasivas",
algo que me displace porque siempre he huido de la pasividad;
al menos lo de "jubilado" me compensa porque lo llevo con
júbilo. Mi cese a los setenta años como profesor universitario
me permite continuar dedicándome sin cambios notorios a mi

vocación vital; no es que no haya tenido yo vocación docente en ningún lugar hubiera disfrutado más —excepto como cantante de rock—, pero ya estaba bien. Algunos insinúan, con lamento incluido por mi desperdicio, que soy un octogenario tozudo que, en lugar de aprovechar razonablemente la tarjeta dorada para "disfrutar" de la vida en su dimensión de "tiempo libre" (al parecer antes hubo de ser "tiempo esclavo"), me recluyo cual viejo topo en un agujero inhóspito donde rechazo la luz solar, como el esclavo de la caverna platónica, algo que no es en absoluto verdad, entre otras cosas porque la luz que yo cultivo es de otra naturaleza y desde los metros cuadrados de mi despacho exploro el universo: desde aquí hago turismo de altura. Si supieran cuánto me interesan el sol, la luna y las demás estrellas, que comienzan en el ser humano en la tierra, milagro del universo, si compartiesen la felicidad que siento en mi pecho cuando me acerco a la gente, entenderían perfectamente qué hace un hombre como yo cargando kilos y kilos de libros de un continente a otro, en lugar de ropa para esquiar o modelos para estar elegante. He elegido el camino de la sobriedad y mi vocación es compartir, nunca hice dinero.

Este fluir quedo de la vida es una de las cosas que me resultan cada vez más desconcertantes y mágicas: ver cómo se pasa la vida, cómo se viene la muerte, tan callando, quizá de ahí mi impenitente conversatorio cotidiano con los difuntos. Raza de Proteo, los humanos gozamos de extraordinaria versatilidad; nuestros cabellos, cuando ungidos, desprenden buen olor y ornamentan; cuando no lo son, pesan. *Subhumano* llamaban los nazis a los judíos. Se ha definido al humano como cáncer de la biosfera, pero cuando tenemos cáncer necesitamos ser mejor queridos.

La dialéctica filosofar-creer

Desde la razón cálida, del Logos divino (teonomía) brota el humano logos con autonomía teónoma. El Evangelio continúa desencadenando todo tipo de reflexiones filosóficas, no solamente cristianas. Federico Nietzsche hace de su obra entera un comentario a las Bienaventuranzas, aunque en su caso para oponerse a ellas. A mí, sin embargo, nada me impide aceptarlas como don gratuito al levantarnos con el gallo de la aurora. Con el Evangelio en la mano me cuadran cuantas aventuras afronto en mi condición de preferidor racional; sin el Evangelio, las cuentas teóricas no me salen plenamente ni para las razones de la razón, ni para las razones del corazón, ni para esta vida, ni para la otra: casi nunca logro llegar con ellas a fin de mes, quizás porque no me sepa administrar bien, o porque gaste demasiado. Nada encuentro más racional que creer razonablemente en el Logos de Dios que se ha adelantado creyendo en mí, y no explicándome cómo sería posible creer en Dios, pero pensar como si no creyera, me considero *anima naturaliter christiana*, alma naturalmente cristiana. Nada me sobrepasa más y nada me resulta tan profundamente explicativo como el misterio trinitario cristiano, que antes lo hemos trabajado muchas y muchas horas y disidencias, pues por decirse creyente nadie se libra del embotellamiento del tráfico, ni juega mejor al tenis, ni queda exento de las tribulaciones. La gracia no nos pone en situación intelectualmente privilegiada, ni borra la naturaleza, la gracia no funciona apretando un botoncito. Lo sobrenatural no es lo antinatural. Con semejante enraizamiento en la fe, en modo alguno creemos haber procedido al margen de la filosofía estricta, y ello al menos por las siguientes causas:

—Porque ninguna experiencia filosófica ha sido construida desde un no-lugar neutral.

—Porque, no habiendo habido filosofía alguna no cuestionada, lo que debe pedirse a un sistema filosófico es su coherencia hacia el interior y su fertilidad hacia el exterior.

—Porque, aconteciendo en el marco de la fe, ello no las convierte en teológicas como tampoco en indiscutibles las argumentaciones ateológicas contrarias, a no ser que el ateo sea un muchacho excelente y siempre lo será.

—Y porque, como todo hijo de vecino, incluido el no creyente, ni él ni yo partimos de cero cuando pensamos, sino en un conjunto de experiencias y convicciones raciovitales donde vida y razón han ido poco a poco entrelazándose y condicionándose mutuamente cual historia y sistema. Razones, argumentos existenciales, obra y vida devienen narración, relato, donde las pruebas demostrativas objetivas no van sin la intrahistoria de una subjetividad que los convierte en argumentalmente significativos, ni sin el espesor existencial en que toda decisión futura adquiere el carácter de recuerdo activo y de proyecto de futuro. Así el pensar se constituye en un optar mediado por una sucesión de elecciones ejercidas desde la inteligencia sentidora, las cuales conllevan abandono de otras posibles direcciones; sólo el adolescente lo elige todo. Pero la elección entraña un riesgo responsable, que adopta una posición concreta en el espacio abierto por el deseo y penetrado progresivamente por el conocimiento.

La razón pregunta por el sentido de la convicción, y ésta por la verdad de aquélla. Vamos haciendo nuestra vida y siendo hechos por ella, intercalando lecturas y experiencias, luces y sombras. Estudiando filosofía hemos ido haciendo vida, viviendo hemos hecho filosofía: Así hemos ido decantándonos en favor de unas opciones globales de sentido. Todo esto, que se ha venido designando razón (*ratio, Vernunft*), y que más bien deberíamos denominar presencia de convicción, no impide que la *razón* (contexto de verdad en Popper; envoltura mística en Hegel) se amase con el mero contexto de descubrimiento. Orden de la razón y orden de la convicción, conocimiento e interés, saber y deseo: una vez se ha ido formando esta progresiva compenetración entre deseo y conocimiento, el proceso creyente va articulando las razones de credibilidad (que responden a los signos de credibilidad) y el asentimiento de fe (que es don y tarea al mismo tiempo). Dicha relación hermenéutica podría ser descrita de la siguiente manera: se trata de un movimiento en espiral que nunca acaba de cerrarse del todo: siempre está vivo. Este movimiento parte de un hecho, parte de la historia personal que va concretando el deseo siempre más y más abierto, gracias a un conocimiento interno de ella. Entonces, la convicción de fe pregunta a la razón por la verdad de aquella historia, y la razón pregunta a la convicción de fe sobre el sentido de la misma historia; la razón pregunta por el sentido de la convicción, y la convicción pregunta por la verdad de la razón. Los signos de credibilidad, que se traducen en razones de credibilidad, van orientando la abertura del deseo, el cual cristaliza en una convicción mediante el ejercicio de la libertad. Tal convicción desborda la fuerza orientadora de los signos de credibilidad, y, al desbordarlos, éstos desvelan un sentido que no ofrecían previamente a la decisión de la convicción. Leídos desde la convicción, tales signos dicen más que desde fuera. Cuanto más enraizada está la convicción, tanto más hablan los signos, pero menos funcionan como meras razones lógicas. Más bien funcionan como confirmaciones efectivas de la decisión que ha dado lugar a la convicción. Una cosa, por tanto, es considerar tales razones (signos) antes de la decisión, otra cosa es considerarlos después de la decisión (elección) tomada (lo que se podría hacer conforme al primer tiempo de elección), y otra cosa también es considerarlos en plena elección, haciéndose. Puede ocurrir que, en la medida en que la convicción vaya impregnando todo el ser de la persona vaya decreciendo la necesidad lógica de las razones, sin embargo, a mayor convicción también mayor necesidad vital de comunicación A dicha necesidad no sólo lógica, sino también racio/vital, responden las razones de credibilidad de una convicción afirmada, poseída, decidida y elegida. Frente a una yuxtaposición entre razones (entendimiento) y convicción (libertad), frente a una separación entre razones y decisión, frente a una absorción de la decisión en las razones o de éstas en aquélla, vivimos una relación hermenéutica, que nunca se acaba pero que tiende a simplificarse, entre ambos órdenes. Entre la dimensión mística de la convicción de fe (don recibido) y las dimensiones plurales que la hacen razonable (ética, política, cultural, etc) no hay ni separación ni yuxtaposición, ni absorción recíproca.

Persiste aún aquella crítica de charanga y pandereta contra el hecho religioso del periodista Francisco Cañamaque a mediados del XIX: «de nada a soldado; de soldado a guardia civil; de guardia civil a estudiante; de estudiante a abogado; de abogado a carlista; de carlista a diputado; de diputado a orador; de orador a faccioso; de faccioso a fraile, que es lo último de lo último, esto es, lo peor». No pocos patéticos resucitan al farmacéutico ilustrado protagonista de la flaubertiana Madame Bovary: «si yo fuera gobierno dispondría que se sangrara a los curas una vez por mes; todos los meses una buena flebotomía en interés de la policía y de las costumbres». Todavía te encuentras, en cuanto rascas un poco, con comecuras para los cuales las siglas *C.N.T.* de la anarquista *Confederación Nacional de Trabajadores* significan *Curas No Temáis*. Aunque sea como mera muestra de esos calamares que se esconden tras la propia tinta, he aquí un par de opiniones hegemónicas: «Juan Pablo II proclamó la necesidad de rescatar las raíces cristianas de Europa como una forma de construir sobre bases morales duraderas el proyecto de la nueva casa común europea. Con ello parecía querer tirar por la borda la tradición laica y liberal nacidas al socaire de la Revolución Francesa, renunciando además al creciente pluralismo cultural y religioso que la aportación masiva de elementos extraeuropeos durante las últimas décadas ha hecho surgir en nuestro continente». Dejándose llevar por la misma corriente, que no precisamente corriente arriba, boga así Alberto Cardín: «el Papa expresa todo un programa que es el mismo experimentado con éxito en Polonia (al menos en su parte negativa: derrotar al régimen ateo), y el que el Papa Wojtyla pareció tener en mente desde el principio de su pontificado: la reconquista cristiana de Europa. El problema es si tras el hundimiento momentáneo de ese gran relato consolador que era el marxismo la opción de recambio debe ser necesariamente la vuelta a una ética normativa, con fundamento ontológico fuerte y, a ser posible, reforzada con lazos jerárquicos y litúrgicos; es decir, una especie de reactualización de la cristiandad medieval, tan atractiva en cuanto que proyecto civilizatorio homogeneizador como seguramente imposible en una sociedad plural, mediática e innovadora tecnológicamente como la actual europea». No es para estar tan seguros de que hayan desaparecido los vampiros del clero postulantes de su flebotomía semanal.

Queriendo humillar la fe y liberar al hombre de su "culpable" incapacidad racional, se encuentra casi siempre un devoto inconfeso que, al definir a la verdad como proceso, culmina glorificando al Todo a costa de las partes; puesto que las partes resultan falsas a la corta, ya que carecería de sentido dialéctico situar la verdad en el todo procesual si se encontrara ya previamente en cada una de ellas, la Dialéctica habrá de consistir en extraer Grandes Verdades de pequeñas mentiras. Por dicha estrategia de inmunización lo falso es verdadero, y lo verdadero es falso.

No resulta fácil la apertura a lo Totalmente Otro que le transciende, le funda, le da sentido, y le salva. Pese a su arrogancia, el humano tiene hoy miedo a encontrarse con lo Totalmente Otro: «nunca —escribió Ortega en su artículo *Sobre el Santo*— olvidaré que cierto día, en un pasillo del Ateneo, me confesó un ingenuo ateneísta que él había nacido sin el prejuicio religioso, Y esto me lo decía, poco más o menos, con el tono y gesto que hubiera podido declararme: yo, ¿sabe usted?, he nacido sin el rudimento del tercer párpado, Semejante manera de considerar la religión es profundamente chabacana, Yo no concibo que ningún hombre, el cual aspire a henchir su espíritu indefinidamente, pueda renunciar sin dolor al mundo de lo religioso; a mí al menos me produce enorme pesar sentirme excluido de la participación en ese mundo, Porque hay un sentido religioso, como hay un sentido estético y un sentido del olfato, del tacto, de la visión, Porque es lo cierto que sublimando toda cosa hasta su última determinación llega un instante en que la ciencia acaba sin acabar la cosa; este núcleo transcientífico de la cosa es su religiosidad».

La dialéctica filosofar-creer: preguntarse por Dios es razonable.

En lo relativo a la relación fe-razón, desde el principio se vio la comunidad cristiana dividida al respecto. Unos, apelando equívocamente a san Pablo, condenaban la sabiduría por identificarla con el paganismo; otros, por el contrario, se abrían a la filosofía griega para dialogar con ella y salvarla, pues la razón, en cuanto que don de Dios, debería utilizarse en diálogo con todos los humanos, incluidos los no creyentes. A partir de entonces la historia conoció fideísmos irracionalistas integristas, pero también actitudes felizmente comprensivas y comprehensivas demandando una fe de la que no se evacuase la razón (una fe razonable) así como una razón capaz de abrirse a la fe, razonable: "razonable" no significa forzosamente verdad no suficientemente probada pero conforme a la razón; significa primariamente que es congruente aceptar en la vida aquello que la razón conoce, sea o no suficiente tal conocimiento. Y la aceptación en cuestión será tanto más razonable cuanto más riguroso sea el conocimiento. Lo razonable en este sentido es más que lo racional; es lo racional transfundido en todo el ser de la persona. Aunque se demostrara matemáticamente la necesidad de que la voluntad acepte incorporar al ser de la persona lo que la razón descubre, sin embargo, la aceptación real y efectiva quedaría siempre abierta a una opción. Por eso es necesaria la voluntad de ir hacia el fundamento de mi yo en la religación que pone en marcha el proceso intelectivo. Este proceso es en sí mismo la constitución del ámbito de una posible entrega a Dios. Pero esa misma actitud de entrega a lo que la inteligencia muestre ser el fundamento de mi yo hace que me entregue realmente a lo que la inteligencia conoce. No se trata de que ésta lleve a la intelección, ni a la inversa, pues de ambas emerge el movimiento de la decisión. Lejos, pues, de contraponer fe y razón, la fe es algo razonable que, aun no siendo una verdad suficientemente probada, es congruente con la razón aceptar en la vida aquello que la razón conoce. Lo razonable es lo racional transfundido en todo el ser del hombre, pero la aceptación real y efectiva queda siempre abierta a una opción. La fe no lleva a la intelección, ni ésta a aquélla, pues constituyen una unidad radical: el creyente no se salva por su sola sabiduría, pero con ella entiende mejor aquello que cree, lo transmite más fidedignamente, y lo vive con más fidelidad, pues se necesita un esfuerzo por expresar la fe con las categorías culturales de cada época, por supuesto también de la nuestra.

En ese esfuerzo, la fe madrugadora, lejos de dejarse arrastrar perezosamente por las culturas paganas, las fecunda con su potencia propositiva, y de tal modo las transforma. *Credo ut intelligam, intelligo ut credam*: creo para entender, entiendo para creer. La fe del carbonero estaría bien quizá para el carbonero sin ocasiones de cultivarse, pero el suyo parece un oficio a extinguir. Dejemos, pues, que los carboneros entierren a sus carboneros.

Lo racional (mínimo) y lo razonable (máximo):

La razón cálida busca la felicidad, porque la razón siente y el sentimiento razona. Esto no impide que haya dos tipos de racionalidad, la de aquello que es universalmente exigible, y la razonabilidad de lo que puede proponerse con pleno sentido, sin ser por ello exigible. En una sociedad pluralista y multicultural como la de hoy se trata de buscar un acuerdo máximo en los mínimos y uno mínimo en los máximos, La moral racional de mínimos resulta común a todos los humanos, pero no rechaza los máximos de las religiones, en la medida en que no se opongan a dichos mínimos éticos dialógicos. Se intenta, pues, sumar y no restar, detectar cuáles son nuestros valores comunes, compartidos por creyentes y no creyentes, para construir una ética cívica donde se superen intolerancias recíprocas. El pluralismo ha devenido tan inevitable, que ni siquiera en el interior de las iglesias existe monismo; tan es así, que a veces el entendimiento parece más fácil en ciertos aspectos con los situados fuera de la propia Iglesia, que con quienes están dentro.

Sociedad pluralista es posible cuando sus miembros, a pesar de sus ideales distintos, demuestran tener en común unos mínimos morales que les parecen innegociables y a los que han ido llegando libremente y no por imposición, desde los cuales cabe construir juntos una sociedad más justa. En la ciudad pluralista los valores compartidos son: el valor intocable de cada persona humana, su dignidad, los derechos humanos, la libertad, la igualdad, la solidaridad. Y aunque en la práctica ocurra que todo eso sea continuamente violado y conculcado, ello no nos exime de la obligación de seguir trabajando en su favor a través de la crítica de lo que hay.

También las grandes religiones de la humanidad han manifestado su reconocimiento intersubjetivo de un mínimo moral común a toda la humanidad en principios todavía muy generales, el central de los cuales es que todo ser humano ha de ser tratado humanamente porque posee una dignidad inviolable, y la regla de oro ética común a las distintas tradiciones religiosas: no hagas a nadie lo que no quieras que te hagan a ti. El seguimiento de estas dos reglas conllevaría una transformación marcada por cuatro directrices presentes también en todas las religiones: La no-violencia y el respeto a la vida (¡no matarás!). La solidaridad y la búsqueda de un orden económico justo (¡no hurtarás!). La tolerancia y el compromiso por una vida veraz (¡no mentirás!). La igualdad de derechos y la hermandad varón-mujer (¡no prostituirás ni te prostituirás!).

Vidas sin voluntad de fundamentalidad

Como dijo Xavier Zubiri, hay personas y edades en que Dios parece sordo, *ab/surdus*: «un grandísimo número de gentes viven hoy despreocupadas de la cuestión de Dios, tanto que ni siquiera se despreocupan de despreocuparse, son vidas sin voluntad de fundamentalidad. Es el suyo un vivir en indiferencia fundante. La vida no plantea para estas personas problema alguno: es lo que es y nada más. Es vida atea, que reposa sobre sí misma sin necesidad de ir contra nada ni contra nadie, vida tomada como en y por sí misma *y nada más*, *a-tea* en el sentido meramente privativo del prefijo *a*. Empero, así como el que ignora sabe en alguna medida qué es lo que ignora, igualmente el despreocupado siente que tras su no-ocuparse está latiendo la sorda presencia de aquello de que no se preocupa; por tanto, está soterradamente dirigido hacia ello. En su virtud, despreocupación es un positivo estado; no es no-opción, sino estricta opción, la opción por no ocuparse de aquello que está ahí indiferentemente. Por tanto, se opta por la indiferencia: es el momento del *des*. El que se desentiende del problema de la realidad de Dios tiene, pues, no sólo proceso intelectivo, sino también opción. En la persona *a/tea* acontece un proceso intelectivo sobre la totalidad de la vida, que para esa persona sigue siendo tan problemática como para los demás; lo que sucede es que, tal vez sin darse cuenta, soluciona este problema por la vía de los hechos, es decir, de la mera *facticidad*. Pero esto significa que optar por la facticidad del poder de lo real es una interpretación como es la admisión de la realidad de Dios. El que admite la realidad de Dios tiene que dar sus razones, pero tiene que darlas también el que ve el poder de lo real como pura facticidad. Pero además el ateo lleva a cabo una opción, la de la autosuficiencia de la vida, tomada como lo que es y nada más. El despreocupado vive dejándose vivir porque por encima de su indiferencia fundamental lo que hace es afirmar enérgicamente que vive y quiere vivir, y esto con una voluntad de vivir penúltima: *es la penultimidad de la vida*. Es voluntad de vivir, pero dejándose llevar por lo que fuere su fundamento. El desentendido de Dios vive en la superficie de sí mismo: es vida constitutivamente penúltima. En resumen, el ateísmo es una voluntad de fundamentalidad que recae sobre el Yo como ser absoluto a su modo. El ateísmo es la interpretación del hombre como facticidad autosuficiente. Puede incluso rechazar su intervención en la vida, y resolverse contra ella. Entre ambos extremos hay toda una gama de actitudes intermedias. Por eso aquí la falta de fe no procede de que haya un conocimiento demostrativo que la haga imposible por inútil, es decir, porque ya hay demostración, sino de que es una carencia de entrega al Fundamento. El ateísmo es justo la fe del ateo. Si la fe es entrega formal a una persona en cuanto verdadera, el ateo se entrega formalmente a su propia realidad formal como única y suficiente realidad personal verdadera, y en esta entrega consiste la fe del ateo. El ateo se entiende entregado a sí mismo y se acepta como tal, lleva a cabo una opción, de modo que el ateísmo no es menos opcional que el teísmo».

Dicho esto, sólo descalificamos el *racionismo* por hacerse pasar por infalible (razón mítica), apodíctico e inerrante. Vamos tan sólo, pero muy activamente, contra un tipo de razón hegemónica. Primera falsedad: la razón pura congrega. Pues no: la hipotética razón pura que albergaría a todos en una especie de consenso universal dista mucho hasta la fecha de haberse consumado. Segunda falsedad: existe una razón pura como sustrato invisible sobre el que se asentarían las otras razones más o menos impuras. No. La célebre razón pura y dura es una abstracción, que resulta de su oposición a la denostada razón impura, que por su parte sería otro concepto tan polar y ficticio como el anterior. Tercera falsedad: todo el mundo está de acuerdo sobre el carácter racional de la razón. No: nadie se puso jamás de acuerdo, a pesar de que todo el mundo hable y hable al respecto. No es racional definir la razón unívocamente. La historia de la filosofía es al respecto un desfile macabro de ataúdes, basta con sentarse a la puerta para ver pasar el cadáver de la razón misma. En la cita de Ortega antes transcrita, en su artículo *Sobre el Santo*, afirmaba el filósofo frente al «ingenuo ateneísta que había nacido sin el prejuicio religioso», que «sublimando toda cosa hasta su última determinación llega un instante en que la ciencia acaba sin acabar la cosa; este núcleo transcientífico de la cosa es su religiosidad». Lo que no impidió a un personaje español del siglo XVII, Caramuel, escribir sus Matemáticas audaces en orden a la demostración geométrica de los dogmas católicos. Así las cosas, ¿existe irreductibilidad entre razón científico-matemática y fe religiosa?

Toda mi vida

Toda una vida estaría contigo, y lo he estado, porque una razón cálida como la que defiendo no puede dejar de establecer asociaciones entre canto y llanto, vida y muerte, nada e infinito. Ello no impide que con toda una vida queramos ahora por nuestra parte dejar bien sentado simplemente eso: que durante toda una vida, literalmente, sin hipérboles, nos hemos dedicado a ampliar el frío concepto de razón pura, a favor de una racionalidad cálida. Toda una vida tratando de compatibilizar Atenas con Jerusalén[1], y toda una vida tratando de hacerlo desgraciadamente casi en solitario, espero que nadie me acuse de presuntuoso al decirlo, al menos en España, aunque tampoco me mortificaría demasiado que no me lo agradeciesen, uno ya no está para esas cosas. Yo estoy contento razonablemente con mi esfuerzo, y asumo al propio tiempo sus deficiencias como no podía ser menos. Hice lo que pude, corrí mi carrera.

---

[1] Díaz, C: *Entre Atenas y Jerusalén.* Ed. Atenas, Madrid, 1994. También *El olimpo y la cruz.* Ed. Caparrós, Madrid, 1993, 127 pp.

Con semejante paisaje al fondo, ¿cómo no alegrarme profundamente y al propio tiempo humildísimamente de que los últimos Papas —para mí especialmente Joseph Ratzinger— hayan venido trabajando en la misma dirección también ellos durante largo tiempo? Dejar atrás el frío tomismo (dejarlo atrás sin despreciarlo, conociéndolo) es cosa que agradezco a Karol Wojtyla, aunque su planteamiento aún me parezca todavía demasiado esquemático; en cualquier caso, sin su enorme autoridad todavía estaríamos repitiendo las fórmulas del Aristóteles de hace veinticinco siglos con la complicidad supuesta o real de Tomás de Aquino, nuestro filósofo santo[2]. Pero, sobre todo, es con Joseph Ratzinger con quien más identificado me siento, incluso con Benedicto XVI durante su periodo de Papa de la Iglesia católica; ahora bien, no siendo éste el lugar para demostrar mi identificación como filósofo con el gran teólogo que es Ratzinger, sí al menos pretende este libro manifestar su gran alegría y esperanza por el sesgo enriquecedor de la fe razonable que mi Iglesia ampara, *Deo gratias*.

Dicho lo cual, sólo me falta dar especialmente las gracias a los últimos años de mi presencia en el consejo de redacción (que incluso llegué a dirigir en sus etapas finales) de la Revista católica internacional *Communio* (sección española) junto a teólogos como Olegario González de Cardedal, Juan Luis Ruiz de la Peña, *dimidium animae meae*, Ricardo Blázquez, Antonio Andrés y otros. De aquella época data también mi amistad con el director de la *Communio* francesa Jean Luc Marion, cuyo primer libro tuve el honor de traducir al español, y mi gratitud por la ternura que me dispensó Hans Urs von Balthasar, su fundador y uno de los últimos grandes enciclopedistas católicos, cuyos ensayos sobre Calderón de la Barca tuve el placer de traducir. Ha sido el gran privilegio de

---

[2] Díaz, C: *Razón cálida. La relación como lógica de los sentimientos*. Ed. Escolar y Mayo, Madrid, 2010, 500 pp.

mi vida leer la realidad entre el Vístula y el Óder, y a la vez entre Atenas y Jerusalén.

Lamento, pese a todo, no haber calado en la Iglesia católica con este esfuerzo: las preferencias han ido por las estampitas con las vidas de los santitos. Por lo demás, la sociedad laica nunca tuvo su horno para mis bollos. Y más aún, para cierto sector de católicos parece que discrepar intelectualmente con un Papa es una imperdonable apostasía. Un ejemplo relativo a mí mismo al respecto, sin ir más lejos, es el de mi amigable y firmísima discrepancia con Joseph Razinger en un asunto tan importante como el fundamentalismo.

En efecto, la fundamentación es tan imprescindible ayer como hoy, pero no *las semifundaciones*, que son peores que las carencias de fundamentación. Pongo como ejemplo al respecto estas líneas de un Papa en diálogo con Jürgen Habermas: «no existe *fórmula del mundo racional,* o ética, o religiosa en la que todos pudieran ponerse de acuerdo capaz de sostener el todo. O, en todo caso, tal fórmula es por el momento inalcanzable. Por eso, incluso los proyectos de un *ethos universal* se quedan en una abstracción»[3].

Esta afirmación puede o no discutirse, pero sin jugar con dos barajas: «hay una patología de la razón, una *hybris (soberbia) de la razón* que la incapacita para reducirse a sus límites y a aprender a disponerse a prestar oídos a las grandes tradiciones religiosas de la humanidad. Si la razón se emancipa por completo y se desprende de tal disponibilidad a aprender, la razón se vuelve destructiva»[4].

Si el texto «no existe *fórmula del mundo racional,* o ética, o religiosa en la que todos pudieran ponerse de acuerdo» fuese verdadero, en este otro se añade, como si de lo mismo se

---

[3] Ratzinger, J: *Poder y derecho.* In "Fundamentos prepolíticos del Estado". MCC, 2004, p. 24.

[4] *Ibi,* p. 24.

tratase, que la soberbia de la razón es la causante de esa situación. Ahora bien, ¿se debe esa incapacidad de acuerdos en torno a *la razón misma,* o a *su soberbia?,* ¿quién impide concordar en las grandes cuestiones, la razón o el uso torticero de la misma? Por otro lado, y en el supuesto que hubiera que echar la culpa a la soberbia que produce semejante estrago, ¿se debe ello a que excluye, es decir, a que no quiere prestar oídos «a las grandes tradiciones religiosas de la humanidad», pues «si la razón se emancipa por completo y se desprende de tal disponibilidad a aprender, la razón se vuelve destructiva»?

Miedo me da este tipo de fundamentalismos epistemológicos. En primer lugar, porque, si bien la razón humana no goza de total infalibilidad (eso al parecer sólo le pasa al Papa católico, como sabía muy bien el pobre Hans Küng), sí al menos ha hecho avances desde Ptolomeo sin que a nadie le moleste que sus artífices sean creyentes o increyentes, pues existen sabios y científicos de ambos signos, de lo cual nos alegramos todos. En segundo lugar, también *«las grandes tradiciones religiosas de la humanidad»* contienen gérmenes de oscurantismo en sus tradiciones y en su actualidad, como la humillante condena de la Iglesia a Galileo, o a Darwin, o a Freud, por no ir más lejos respecto de la racionalidad práctica de las Cruzadas o de la "santa" Inquisición, por mucho que pueda matizarse eso y todo. ¿Es esa la racionalidad dialógica de *«las grandes tradiciones religiosas de la humanidad»?* Y esto por no hablar de aberrantes irracionalidades en el islam.

Determinados energúmenos con mala voluntad discursiva, que andan oliendo mi supuesto azufre levantisco antipapal, podría quejarse amargamente de que las sencillas objeciones que acabo de formular dificulten mi convicción de fe e imposibiliten un diálogo sapiencial fecundo. Pero yo sólo rechazo las argumentaciones que semiargumentan manipulando la razón para introducir en ella subrepticiamente una fe barata. Y ¿cómo ocultar en las *argumentaciones que semiargumentan* un pesimismo antropológico que excluyen a los no creyentes del ejercicio de sus posibilidades racionales? Cuán triste me resulta todo esto, Dios mío.

El límite de mi escepticismo

Algunas veces se me ha autorizado a decir la homilía en iglesias y en catedrales dentro o fuera de España (Alemania, Argentina) con el argumento de que en ocasiones un laico se deja entender mejor por otros laicos, argumento que puede o no ser verdadero y que no me lleva a creerme un "superlaico". Pero yo, en tantas cosas desobediente, me declaro obediente en ésta. Se trata de una práctica arriesgada si el laico es un giróvago bocazas, pero también si el clérigo es un cobardica temeroso de llamar a las cosas por su nombre, o de ir al fondo de ellas. El caso es que pronto tendremos los creyentes que predicar enviados por la comunidad, aunque sólo sea por el vergonzante argumento de que la media de edad del clero va siendo casi de la Edad Media y su relevo parece imposible. El lado bueno es que con el cierre del viejo ciclo se acaba el consumo pasivo de predicaciones para creyentes perezosos, cuya única participación en las celebraciones es la de echar morralla de cobre a la cesta de las ofrendas, y lo sé bien porque paso el cepillo.

Lo que no se acaba es la actitud de tantos "fieles" fariseos que no dudan en poner verde a la Iglesia y que echan sus lenguas a pacer poniendo al caer de un burro a ciertos sacerdotes cuyas homilías son pobres o desagradables. Qué bueno que se acaben los tiempos del clericalismo levítico; afortunadamente las rabinas han comenzado a predicar en las comunidades judías menos fundamentalistas, ¿lo hacen peor que los rabinos barbudos, supremacistas y excluyentes?, ¿perderán vigencia los dogmas y la fe pronunciada con voz femenina?, ¿predicarán peor los rabinos negros que los blancos, los judíos que los alemanes? Como siempre habrá de todo en la viña del Señor. Si del judaísmo regresamos al cristianismo, donde tanto hiere la ordenación de mujeres al católico medio —medio católico en formación bíblica—, y si sólo los varones sacerdotes les parecen los únicos aptos para predicar, ¿por qué no se van preparando ellos mismos estudiando ciencias religiosas?, ¿o acaso el hecho de ser bautizados les faculta para soltar burradas de garrafón desde el púlpito?

Desde hace años soy humilde lector en mi parroquia madrileña, *Nuestra Señora de Europa*, Madrid, en la ribera del Manzanares, aunque no disfrute de las órdenes menores, pero me alegro eclesialmente cuando algunos asistentes a la misa me felicitan por lo bien que según ellos leo, quejándose al mismo tiempo por la pobreza sintáctica y prosódica de otros lectores. Ahora bien, si uno no es capaz de encender el propio corazón para leer el Evangelio, ¿cómo podría ser apto para caminar tras las huellas polvorientas de Jesús?, ¿por qué amamos las manos que parten el pan, pero no movemos nuestras piernas yendo a predicarlo? A pesar de las impresentables tesis de los Testigos de Jehová, admiro su presencia de dos en dos para predicar su noticia. Quienes nos decimos católicos nos limitamos a consumir sacramentos sentaditos y con aire acondicionado. El próximo paso serán los sacramentos virtuales y las teleprédicas. No pretendo ser predictivamente Julio Verne, pero ya veremos, dijo el ciego.

¿Las catacumbas, el martirio? Hoy juega Carlos Alcaraz, no gracias. Aunque predicador hiriente por ser predicador herido, yo prefiero la homilética de Jesús yendo de Jerusalén a Jericó y el camino de Emaús, que no es precisamente el turístico camino de Santiago.

Si hace falta tirar piedras, es decir, verdades como puños, sobre el propio tejado, se tiran. Pero tengo piedras (es decir, verdades como puños), para todos. En efecto, los homiliastas u homeletas, o como se llamen o dejen de llamar, abundan entre las tribus de quienes presumen con altoparlantes no creer en nada, excepto en sus propias homilías. ¡Qué plastas eran también aquellas moralinas de tantos marxistas redentores, qué celo misionero, qué manejo de las excomuniones, y qué contradicciones personales entre aquellos mesías de bolsillo que demostraban científicamente la no existencia de Dios gracias a la dialéctica de Federico Engels y Marta Harnecker, y no digamos a la de san Carlos Marx, pero si aquello parecía el sacerdocio universal en pleno diluvio, porque hasta por la calle los católicos sus denuestos!, ¡y qué urgencias flamígeras para pedir cada veinticuatro horas perdón por lo de Galileo, Darwin o Freud!, ¡y qué paso de la oca a la hora de silenciar la pederastia!, ¡y cuánto coñazo laicista con el cese de los golpes de pecho de los cristianos, pero cuán poco llanto por la muerte del comunismo una vez mutada la antigua fe en la futura sociedad sin clases por el golpe de la chequera! ¿Y qué decir de las homilías de los penenes progres pero genuflexos llevando la cartera de los cátedros derechistas que les aupan?

¿Y entonces? O recibir homilías, o darlas, pues la vida es homilía. Y añado sobre este añadido que darlas bien o darlas mal. Y añado sobre este añadido otro nuevo: una persona decente no se retira de la homilía, agradeciendo los errores a quienes nos sacan de ellos. Todo sea por no remejer las conciencias.

Se me han roto las mandíbulas con tanta predicación, pero el palenque donde se dilucidaba la fe se acercaba al fascismo frailuno, mientras el silencio de los corderos ha llegado a ser insoportable. Dios se ha convertido en una rareza estadística molesta que se silencia para tener la fiesta en paz, donde los dogmas inconsistentes los refuerzan los dogmáticos perezosos, más expertos que el demonio a la hora de matar moscas con el rabo. Por lo demás, la homilía es un texto parenético apto para todos los públicos y hasta Voltaire escribió las suyas. Ni Voltaire ni san Juan de la Cruz me molestan, incluso les encuentro a veces un cierto aire de familia. La heterodoxia, sin presumir de ella, no constituye para mí una noticia tan mala. La norma académica se apoya en el uso de citar a otros autores como fuente de autoridad, pero yo los veo como acicates para pensar, más que como apoyo de mis propias conclusiones. Es más, me lleva a discurrir muchas veces por otros vericuetos. Exégetas o escoliastas son los autores que sólo citan a los suyos. Infinito es el número de las homilías de los tales: «la intransigencia es señal cierta de no tener verdad», dijo en 1934 en su *Camino* San José María Escrivá de Balaguer, como si el Opus Dei formase parte del movimiento libertario. Antes, Don Niceto Alcalá Zamora, presidente de la República, le confesó contrito a Miguel Maura: «yo, Miguel, no soy rencoroso, pero el que me la hace me la paga». *Item* más, «el viejo profesor Tierno Galván se jactó de haber sido anarquista cuando la guerra, y de haber tratado a los líderes de la república. Sin embargo, durante el asedio de Madrid no pasó de una posición de soldado raso en un puesto de oficinas»[5].

Un soliloquio es una tontería ahorrada a los demás. O esas tazas, una de cuyas asas se puede agarrar por la derecha y la otra por la izquierda sin necesidad de que la mano derecha

---

[5] Alonso de los Ríos, C: *La verdad sobre Tierno Galván*. Editorial Anaya, 1997, p.19.

o la izquierda tomen siempre obligadamente la misma asa. Siempre negué al Lutero que convertía a la razón humana en esposa del diablo, la cortesana *hure Vernunft*, pues el sentimentalismo irracional es la diabetes del corazón. Conforme va pasando el tiempo crece en mí la duda sobre si —o si no— las personas serias son aquellas que no se ríen porque no han comprendido el chiste, o que lo han comprendido y por eso no se ríen, pero no puedo embotellar mis sentimientos y luego sentarme encima, porque saldría una tortilla de huevos rotos.

Ya no estoy para demasiadas taquicardias debidas a las luchas entre razón y corazón, pues por él afluyen y efluyen todas las venas. Nadie debería caer en la tentación de no respirar para evitar la hiperventilación, pues la vida exige sístole y diástole, es decir, sentido del humor. Contra el insomnio y contra la existencial narcolepsia, nombre científico que se da a los dormilones, yo quisiera estar despierto. En mí lo superfluo es muy necesario, y lo muy necesario superfluo, si bien *tu t'en iras un jour de moi, jeunesse; tu t'en iras, tenant l'Amour entre tes bras*. Al menos, esto de morir en brazos del amor halaga mi gramática existencial, por mucho que a veces la creadora de mi verdad sea mi mentira. El camino de la verdad es el más tortuoso, ya que la verdad forma parte de mi error, y éste de aquélla. He querido la verdad sobre la mentira, pero la verdad no es una antorcha que siempre haya brillado en mi vida, sino algo con lo que me he ido quemando las barbas. No todo en mi ciencia es nesciencia, aunque las verdades más sencillas son aquellas a las que he llegado más tarde; además, la verdad resulta a menudo demasiado sencilla para que la encontremos quienes nos acostamos a soberbios. Suele ocurrirme que cuanto más enfatizo tal o cual verdad, tanto más afónico de ella me quedo hacia afuera y tanto más triste hacia adentro, siendo una de mis tentaciones la de no creer demasiado lo que digo para de este modo no descreerlo demasiado pronto. La verdad es modesta y ruborosa, razón por la cual las verdades de éxito me parecen amistades peligrosas, por mucho que comenzaran siendo *verdades* electivas.

La verdad es a menudo demasiado sencilla para darle crédito, pues hasta lo sencillo se vuelve complicado para quien no sabe, no quiere o no puede admitir que alguien pueda querer a alguien sin porqué. Mas, cuando reflexiono sobre todo esto, me aparto de las oscuras complejidades, nada apenas me queda. A veces las verdades más evidentes y crediticias son las más evanescentes, y eso en mi caso prueba la distonía sistema neurovegetativo entre lo esencial miope y lo reflexivo hipermétrope que conviven en mí. A veces, gracias a Dios y a un cierto instinto biofílico innato, pese a tantos pesares, suena mi flauta por casualidad y soy feliz. Aunque creo que nunca me iré sin tener entre mis brazos el deseo de verdad, estas promesas veritativas sólo alcanzan su real valor de verdad con la fecha debajo: la verdad que se espera por la mañana puede morir por la tarde. Por lo menos siempre será verdad que también los relojes averiados dicen la verdad siquiera sea una vez cada veinticuatro horas.

En otras ocasiones, y después de darle la vuelta al mundo como nuevo Magallanes, siento que todos mis caminos han caído en *Nowhere*, en ninguna parte, en un sin dónde, en un río sin agua, *Anhidros*: entonces percibo resecado el cuerpo deshidratado de mi vida y la decepción de cuantos venían a mi oasis a tomar de él su agua salvadora. Esta infértil ausencia de vitalidad, esta anémica sequía de mi vida es mi pecado. Como fuere, el descubrimiento de la verdad es el único propósito de la filosofía, y esto queda ratificado porque, más amante de la verdad que el mismísimo Platón, sigo buscándola. Siendo como soy un aficionado a la verdad, sigo en pos de ella, aunque le tenga miedo. Si las personas somos misterio, ¿cómo no iba a serlo también la verdad sin mezcla de mácula? Algo tiene en común la verdad con la profecía: que excita nuestra sensibilidad con verdades diferidas. Esta convicción la he vivido cada día, más o menos conscientemente, desde aquel instante en que comprendí que en la podredumbre de mi humus alienta también la verdad de lo que me sobrepasa y funda: podredumbre es otro de los nombres de mi legión y el límite de mi escepticismo.

Una generación hace pompas de jabón; la siguiente las rompe

Haceos miel y papaos han moscas, decía el refrán. El mundo parece un parque de animales en el que se olvidó separar los lobos de los corderos. *Dulce bellum inexpertis*, dulce es la guerra para quienes no la han vivido. Los espartanos no preguntaban cuántos eran los enemigos, sino dónde estaban, pues ellos buscan las escaramuzas como fuente de adrenalina. Y a por ellos. Los peor dotados guerrean para adquirir un pedazo de tierra donde ser prematuramente enterrados, pero sus epitafios están vacíos de humanidad, son meros cenotafios.

Al no poder conseguir que sea forzoso obedecer a la justicia, se ha hecho que sea justo obedecer a la fuerza, escribió Pascal. Todos los vicios, si están de moda, pasan por virtudes; al comienzo fueron vicios, hoy son costumbres. Desde esa perspectiva, el sabio puede sentarse en un hormiguero, pero solo el necio se queda sentado en él. También las dictaduras interiores son el sistema de gobierno en el que lo que no está prohibido es obligatorio. Quien domina a los otros es fuerte; el que se domina a sí mismo es poderoso. La guerra es nefanda, porque hace más hombres malos que los que mata. Cuando los elefantes se pelean es la hierba la que sufre. No hay árbol que el viento no haya sacudido.

Las voluntades débiles se traducen en discursos; las fuertes, en actos. Cuando los que mandan pierden la vergüenza, los que obedecen pierden el respeto. Basta un instante para hacer un héroe, y una vida entera para hacer un ser humano. Los votantes no se sienten generalmente responsables de los fracasos del gobierno que han votado, pero quien cava un agujero para su prójimo puede caer en él. No en vano la victoria tiene muchas madres, pero la derrota es huérfana.

Quien tonto va a la guerra tonto viene de ella. Si el género humano no pone fin a la guerra, será la guerra quien antes o después ponga fin al género humano. Quien no pueda mandarse a sí mismo debe obedecer. Cuánta razón asistía a Gandhi al afirmar que correrán ríos de sangre antes de que conquistemos nuestra libertad, pero que esa sangre deberá ser nuestra. Lo preocupante no es la perversidad de los malvados sino la indiferencia de los buenos. Todo lo que es necesario para el triunfo del mal es que los hombres de bien no hagan nada.

En cada paso que damos en la vida pisamos cien senderos distintos. La libertad sin virtud ni sabiduría es el mayor de los males. Llegar a tiempo a las citas con la justicia y la paz en las cosas dignas es deber de caballeros, cortesía de reyes, obligación de cortesanos, hábito de gente de valer, costumbre de personas bien educadas. Los pequeños actos que se ejecutan son mejores que todos aquellos grandes que se planean. Los procrastinadores que se hacen esperar revelan debilidad de carácter, pésima educación y un desprecio absoluto hacia sus semejantes. Si sabemos lo que tenemos que hacer y no lo hacemos, entonces estamos peor que antes. El silencio ante la perversidad es la peor mentira. Es necesario hacer de la vida un sueño y del sueño una realidad. La recompensa del trabajo bien hecho es la oportunidad de hacer más trabajo bien. Hay mucho que saber, es poco el vivir, y no se vive si no se sabe. Sin noticias, mundo a oscuras.

Sin ninguna duda, la barbarie es cosa de todos, de nuestro patrimonio genético y del cultural, pero deberíamos intentar darle un giro copernicano. La mejor parte de la humanidad albergó, potenció y resembró la esperanza en la capacidad para superarse en el terreno de la cooperación, pues nunca perdió ella contacto con el suelo para no perder una idea aproximada de su real y verdadera estatura. Con su sencilla claridad, ornamento de los pensamientos profundos, Pío Baroja se definió a sí mismo como «un fauno reumático que ha leído un poco a Kant». Esa es buena estatura. Pensar en el trabajo más difícil que existe quizá sea ésta la razón por la que haya tan pocas personas que lo practiquen. Los antibarojianos creen sin embargo que lo importante no es saber, sino tener el número del que sabe.

No pocos pusilánimes se conforman con creer que quien nace para ser ahorcado nunca morirá ahogado. Del mismo modo, demasiadas proclamas en favor de la paz son argumentos de guerra con juicios sumarísimos. Nos damos demasiado bombo; cuando queramos ceder la palabra a los adversarios deberíamos tratar de callar nosotros los primeros. Mejor es callar y que sospechen de nuestra poca sabiduría que hablar y eliminar cualquier duda sobre ello. El que calla no siempre otorga, a veces simplemente no quiere discutir con idiotas animalizados por sus esvásticas. Ellos nunca pertenecerían a un club que admitiera como socio a alguien como yo. Algunos, por la virtud ideípara de nuestro extravagante y poco práctico oficio de pensar, o por su culpa, sentimos la necesidad de cambiar de marcha, pues mala es la dialéctica de los puños y de las pistolas. No, señoritos, nada de esa dialéctica.

Cuando estamos muertos nos comen los gusanos, cuando estamos vivos nos comen las preocupaciones. Solemos decir que no estuvo en nuestras manos la elección de nuestros padres, pero depende de nuestra voluntad nacer a nosotros mismos. Un pueblo que carece del celoso orgullo de sus grandes hombres es un pueblo enfermo de la peor enfermedad colectiva, que es el resentimiento.

Los diplomáticos son personas a las que no les gusta decir lo que piensan. Cuando un diplomático dice sí, quiere decir quizá, quiere decir no, y cuando dice no, no es diplomático. He aprendido el arte de engañar a los diplomáticos, les digo la verdad y nunca me creen. En líneas generales a los políticos no les place pensar lo que dicen. Inscribe los agravios en el polvo, pero las palabras de bien se inscriben en el mármol, no en la barra de hielo para los cubatas. Pero un buen diplomático dará la vida para que el otro denuncie las ruinas y la tierra quemada.

Pedir perdón es de inteligentes, perdonar de nobles y perdonarse de sabios. Ojalá seamos inteligentes nobles y sabios. Ninguna encina se derrumba al primer hachazo, una gotera quiebra la peña más dura. La señal de que un alma está limpia de resentimiento es que admira a aquellas gentes de quienes nos separan un matiz o un abismo. No llenemos, pues, nuestras vidas de años, llenémoslas de vida.

Cuando mejor es uno, tanto más difícilmente llega a sospechar de la maldad de los otros. El distraído tropezó con la piedra, el violento la utilizó como proyectil, el emprendedor construyó con ella la casa. El campesino cansado la utilizó como asiento. Para los niños fue un juguete. En todos los casos, la diferencia no estuvo en la piedra, sino en el ser humano. No existe piedra en el camino que no podamos aprovechar para crecer, pero no se odia mientras se menosprecia. Si, como dijera Nietzsche, sólo se odia más a un igual o un superior, entonces Nietzsche fue un hombre vulgar que se sentó a la puerta de su casa para ver pasar por delante de ella el cadáver de su enemigo. Jamás se penetra por la fuerza en un corazón.

Entre las ruinas del mundo, la antropológica es la más triste. Según Cervantes, para la persona vulgar es magnífico mandar, aunque sea a un hato de ganado. Pero el tirano muere y su reino termina, mientras que el mártir muere y su reino comienza. Llamo rumiantes a los seres que se pasan rumiando la miseria humana preocupados tan sólo por no caer en tal o cual abismo y con el falso consuelo de que quien nace para ser ahorcado nunca morirá ahogado. Necesitamos, en fin, a san Pascual Bailón para marcarnos un chotis sobre un ladrillo en la Verbena de la Paloma sin pisarnos los callos. Viva san Pascual Bailón, y abajo la guerra.

¿Tiene futuro el cristianismo en España?
De la era de la cristiandad a la era secularista

En los años setenta y ochenta del pasado siglo llevó a cabo mi buen amigo Javier Elzo un estudio pionero sobre juventud y religión en España distinguiendo entre simbolistas (románticos, estéticos, irreductibles), libredisfrutadores (hedonistas, rebeldes), cooperadores (integrados, solidarios), logromotivados (universales activos), conformados (integrados pasivos), segregacionistas (defensivos), utilitaristas (materialistas monolíticos), y no motivados no comprometidos. Los peor parados eran los cooperantes con ETA. Hostiles a lo religioso por su patriotismo, se llevaban mal o muy mal con sus padres y abandonaban su domicilio, ridiculizaban a sus maestros, eran adictos al consumo de drogas y sexualmente promiscuos, negativos frente a las instituciones, pues la sustitución de lo religioso por lo político genera mesianismos conspiranoicos sangrientos. Cuanto se vive con esa intensidad reductivista, también lo religioso resulta monomaniaco sectarismo de alta gama.

En el otro extremo se hallaban los jóvenes conservadores con un cristianismo sin iglesia o al margen de ella, cada vez más residual, secularizados y *mamonolátricos* por su culto al dinero (ética de los negocios) y a su compra del cielo gracias a contraprestaciones votivas. En ninguno de los dos casos es el Dios de Jesús el centro de sus vidas. La meditación y la oración disminuyen el riesgo de sus problemas cardíacos y aumentan la telomerasa un 30%, enzima asociada a la longevidad de las células. Dicho de otro modo, la religión sale más barata que un buen gimnasio, y eso sin contar con que puede tocarte la lotería si pones muchos cirios encendidos y su correspondiente dosis de perejil a San Pancracio, especie de Sancho Panza de la buena suerte. En pocas palabras, si la religión utilitarista mejora la calidad de vida de sus adherentes es que se trata de la religión verdadera, si con agua va funcionando, sígale dando. Y si la que tengo no funciona, me paso a otra, algo frecuente en el turismo de las sectas.

En la era de las extinciones y de los terrores milenarios, mi querido viejo amigo, el reputado sociólogo Javier Elzo, se pregunta apoyado sobre una masa documental irreprochable, a veces incluso por él mismo dirigida, y con una bibliografía muy actualizada, si los católicos españoles vamos a extinguirnos pronto. Parece que, de no cambiar mucho las cosas, nos quedan menos telediarios que a un estegosaurio. La situación, pese al carácter nada catastrofista del autor y a su talante propositivo, se veía venir desde la primera página: sí, en efecto, la entropía también alcanzará a una Iglesia cada vez más *paralizada* (paralizada sería decir poco) que —cuando lo hace— va hacia atrás como los cangrejos. Sin resquemor, desde dentro de la Iglesia,

El mismo autor, en su *Sociología de la religión española* diagnostica la irrelevancia casi mortal de una jerarquía episcopal dirigida por varones ancianos y llenos de miedo, algo que cualquiera que salga a la calle puede comprobar. Aunque a los autocéntricos se les premia *cum laude*, algunos datos respecto a España son devastadores: es el segundo país de Europa en consumo de drogas; el segundo por la cola en fracaso escolar; el tercero en dependencia mediática; el 43 % de los *millennials* cree que no cobrará ninguna pensión de jubilación nunca; el 79 % ha entrado en pánico por el coronavirus; el 97% necesita hablar compulsivamente por el móvil para calmar la ansiedad; el 48% de los sancionados por la policía de tráfico conducía bajo los efectos del alcohol o de otras drogas; el 82% de los alumnos de secundaria odian estudiar porque no ven sentido a lo que aprenden. Estos datos son considerados de mal agüero, o pesimistas.

En este cuadro, el 21% de los españoles se dicen cristianos practicantes porque van a la iglesia al menos una vez al mes, el 44% cristianos no practicantes (apenas acuden a la iglesia), y el 30% no religiosos, arreligiosos. Estas cifras alcanzan en los quince países europeos incluidos en la investigación al 18%, 46%, y 24% respectivamente, lo que significa que hay en España un ligero mayor porcentaje de cristianos practicantes en relación con los demás países de esta investigación, pero también una mayor proporción de quienes se dicen arreligiosos. Estamos ante una población sólo un poco más polarizada que la media europea. Si en 1978 había un 90'5 de católicos, en 2019 sólo un 68'2 de ellos, una caída vertiginosa[6]. A no mucho tardar, la misa dominical perderá su actual configuración[7] y devendrá una práctica residual[8]. La religión ha mutado en una evanescente *espiritualidad sin religión*, cada vez más perdida eclesialmente. En resumen, de cada una de ellas podría predicarse lo que se decía de los "locos años veinte": *you're all a lost generation.* Sólo el 27% de los españoles afirma que hay una religión verdadera (en Francia el 6%, en Alemania el 9%, en Italia el 21% y en Gran Bretaña el 10%). Que hay únicamente una religión verdadera, pero que otras

[6] Elzo, J: *¿Tiene futuro el cristianismo en España? De la era de la cristiandad a la era postsecular.* Editorial San Pablo, 2021.
[7] *Ibi*, p. 84.
[8] *Ibi*, p. 41.

religiones contienen también algunas verdades básicas lo piensa el 39% en España, cifra que alcanza hasta el 55% en otros países europeos. Que no existe una religión verdadera, pero todas las grandes religiones del mundo contienen algunas verdades básicas lo dice el 39% en España, y hasta el 50% en los países europeos. Que ninguna de ellas tiene ninguna verdad que ofrecer es algo que defiende el 17% en España, y que crece hasta el 33% en Alemania[9].

Gracia de saldo. Respecto a la *religiosidad popular*, instinto oscuro, los católicos españoles andan como ovejas sin pastor organizando sus bautizos y bodas edilicias "por lo civil", sus peregrinaciones, sus tamborradas, sus cabalgatas rocieras (quítales los churros y las escopetas de feria y a ver en que se queda el peregrinaje), sus procesiones con sus vírgenes acarameladas, y sus jaculatorias tántricas llamadas rosarios, no faltando siquiera los latigazos de los autoflagelantes en las turísticas procesiones de Semana Santa, cilicio propio de la España cañí, la cual no toca ni por el forro un libro de teología por prescripción facultativa. Se vacían los templos, se llenan los gimnasios, y pese a los coloridos fervorines populares la *religion n'est q'un mot* reducida a supersticiones e hibridaciones con las "religiones celestes".

Poner la sanación cristiana en una «orientación antropológica y en una novedad histórica independiente-mente de su religión, de forma que todo confluya hacia lo humano, hacia el bien común, a la ayuda mutua, a la fraternidad, hacia un humanismo basado en la fraternidad»[10] constituye en mi opinión una descomunal petición de principio, primero, porque esa propuesta no funciona ya ni siquiera en el nivel teórico y convierte en irrelevante e

---

[9] *Ibi*, p. 50.
[10] *Ibi*, p. 331.

innecesaria la realidad de Jesús[11]. Por lo demás, los sedicentes *católicos no practicantes* se asemejan a los borrachos que buscan la llave del coche perdida debajo de la farola en la que no está su coche, tan sólo porque allí parece que hay más luz. ¿No harían mejor permaneciendo sentaditos con sus *jajijuegos* y su *catolicismo virtual*, ya que no parecen muy entusiasmados en salir a las calles a predicar la buena nueva?, ¿qué tal un catolicismo virtual patrocinado por algún sponsor para el manto de pedrería de la virgen del Pilar?

De *saeculum*, siglo, el seglar o secular no abrazaba la vida religiosa, ni paseaba el claustro del convento como recinto sagrado; luego de la emancipación del Estado de la tutela ideológica de las Iglesias absorbidas por el Estado[12], y de la desvinculación de las instituciones religiosas tradicionales, vino la progresiva pérdida del prestigio social reconocido a los símbolos e instituciones religiosas: creciente burocratización de los individuos y grupos religiosos en los asuntos de este mundo; desconexión de la política y de la cultura respecto de la visión religiosa institucional; reducción de las creencias religiosas a lo antropológico (Lenin: la religión son los soviets más la electricidad); desacralización,

---

[11] Legido, M: *Aproximación a la oración de Jesús*. Editorial Mounier, Madrid, 2021.

[12] En el año 96 *El pastor de Hermes* excluye al laico de la participación activa en la Iglesia, y el *Decreto Constantino* (33) lo refuerza. León Magno afirma en el siglo V: «ningún monje o laico se atreva a enseñar o predicar, lo cual corresponde al orden sacerdotal». Egidio Romano defiende que el Papa *non est homo simpliciter, sed quasi Deus in terra, tota Ecclesia*. Fuera del clérigo, el laico es un *illiteratum*, pues desean cosas prohibidas y dan rienda suelta a la búsqueda de ganancias ilícitas (Bonifacio VIII). Hasta el 1234 no postula Marsilio de Padua en su *Defensor pacis* la separación entre Iglesia y Estado y en el siglo XIV Guillermo de Ockham va más lejos; todo fiel auténtico podría erigirse en juez del Papa hereje. Lutero ratifica el *consensus fidei*: el sacramento no pertenece a los curas, sino a todos (*allgemeine Priestertum*). Lo esencial es ser bautizado, pues el ministerio sacerdotal es una añadidura prescindible.

desencantamiento de lo religioso convertido en objeto de dominio técnico; privatización de la religión que abandona el ámbito público, cultural y político, quedando confinada en reductos de intimidad socialmente invisibles; paso de una sociedad tradicional rígida y refractaria al cambio a una sociedad elástica, flexible y móvil, que no consagra ningún principio dado; fragmentación de la religión en un pluralismo de creencias religiosas coexistentes, sin que ninguna de ellas cumpla ya funciones de integración y legitimación social; teotriunfalismo de los negocios; eclipse de Dios, muerte de lo sagrado («desparadojización de los espacios autopoyéticos»)[13].

Secularización del mundo moderno: el rumor de ángeles ha enmudecido en *la ciudad secular*, aunque Tom Hanks en la ceremonia de concesión del *Oscar* al mejor actor por *Philadelphia* proclama: «las calles del cielo están pobladas de ángeles. Conocemos sus nombres: son millares por cada lazo rojo que podemos ver aquí esta noche. Que Dios les bendiga a todos. Que Dios bendiga América». ¿Por quién suenan las campanas? Lo religioso ha devenido marginal, la inmanencia autosuficiente se ha recrudecido. Ahora es la propia religión la que no sabe, no quiere, o no puede desasirse, atrapada en las redes de su privacidad de sacristía. En esta *in/trascendencia*, el hijo ateo pregunta al padre ateo: "¿y Dios sabe que no creemos en Él?". El positivismo acertó en lo referente al

---

[13] En un régimen de *secularidad* creyentes y no creyentes conviven pluralmente, pero el *secularismo* expulsa a los creyentes de la ciudad secular. Para el *laicismo: a)* toda religión carece del valor de verdad, sólo la razón lo posee; *b)* la autonomía del hombre exige su inmanentismo radical excluyendo planteamientos de trascendencia; *c)* los creyentes no deben salir de la sacristía; que la escuela pública ha de evitar lo religioso. Sin embargo, ¿qué de las grandes religiones contradice las morales universalistas tales como "obra de tal modo que trates a la humanidad siempre como fin en sí, con igual consideración y respeto?" Cfr. Díaz, C: *¿Tolerancia o apostasía?* Editorial PPC, Madrid, 2006.

ocaso de lo sagrado y a su sustitución por lo profano, pero erró en su vaticinio sobre el advenimiento del paraíso en la Tierra, y un cierto mazdeísmo se ha estabilizado desde entonces en el tablero de ajedrez, donde Ormuz y Ahriman siguen en tablas por siglos. Y las sectas-aspirinas de telepredicadores postulan un reduccionismo espiritualista: espíritu sí, religión no. Como si Juan de la Cruz o Teresa de Jesús hubiesen carecido de espiritualidad.

La infobesidad desbordante de tantos datos carece de toda referencia a una antropología eidética capaz de analizar lo que *debería ser* el humano en comparación con lo que *es hoy*, como si lo que *es hoy* pudiera ser explicado sin su correspondiente *debería ser siempre*. Por eso, sin una estructura antropológica identitaria, se mueve en lo aleatorio: ¿es accidental la dimensión cristocéntrica católica, o prevalecerá ese historicismo del "los hechos han de ser juzgados con la mentalidad de la época en que se cometieron?", ¿se reducirá en las *épocas sucias* lo decente a las vigencias sociales?, ¿por qué condenar lo humano si tan sólo fuera una variedad olfativa del cerdo del rebaño de Epicuro? No harían mal los sociólogos en frecuentar las aguas de la axiología fenomenológica, pues sin perspectiva eidética todo vale. La Iglesia católica sin vivencia de Jesús propicia *gracia barata,* desgraciada, desagradecida y desagraciada; su "te quiero muchito, pero de pan poquito" no evangeliza. La invasión en ella del espíritu burgués, más plano epistemológicamente cuanto más espeso socialmente, sólo entusiasma a los católicos de sopitas y buen vino, que esperan ser liberados sin el propio esfuerzo por los angelitos para volver a la *nueva normalidad*. En el mismo sentido, si la pederastia tan escandalosa (al parecer lo más decepcionante de la iglesia) no fuese execrable eidéticamente, tampoco debería perderse la fe por culpa de los curas pedófilos, ni rasgarse las vestiduras por ello, puro Nietzsche. Afirmar que "los hechos han de ser juzgados con la mentalidad de la época en que se cometieron" tampoco pasaría de ser un relativismo de menor cuantía: lo bueno y lo normal de las *épocas* sucias justificaría la suciedad de los comportamientos *particulares*, y santas pascuas. El historicismo deshace la historia a la que apela.

Finalmente, ¿estamos los católicos enamorados de la causa de Jesús, en él, por él y con él?, ¿nos entusiasma el Reino, o esa tarea ya la hizo Jesucristo y a nosotros sólo nos toca redituar confortablemente su pasión? Pretender su revitalización por una «orientación antropológica y una novedad histórica independientemente de su religión, de forma que todo confluya hacia lo humano, hacia el bien común, a la ayuda mutua, a la fraternidad, hacia un humanismo basado en la fraternidad»[14] constituye una *petición de principio*: porque esa propuesta no funciona ya, algo ridiculizado por Moliére en *El médico a palos*, y porque convierte en irrelevante la realidad de Jesús (recuérdese la crítica de Hans Urs von Balthasar a Karl Barth en el apogeo de la Europa burguesa)[15]. Si los católicos no practicamos, no creemos. Creer es ir-hacia, no sentaditos sobre un catolicismo virtual que no sale a las calles a predicar con obras su diaconía[16].

Aunque el acostumbramiento banaliza las relaciones interpersonales. Los datos respecto a España que antes hemos citado son devastadores: el temor por la inseguridad ante la posible inexistencia de pensiones en el futuro, el pánico ante un fenómeno como el coronavirus, la ansiedad y la dependencia de las tecnologías de comunicación, el consumo masivo de alcohol y de otras drogas, la ausencia de sentido en

---

[14] Elzo, J, *o.c.*, p. 331.
[15] *Díaz, C: Entre Atenas y Jerusalén.* Editorial Atenas, Madrid, 1990.
[16] Legido, M: *Aproximación a la oración de Jesús.* Editorial Mounier, Madrid, 2021.

los estudios y la desmotivación consecuente… Y esto por no referirnos a la emigración trágica de pueblos enteros, a la degradación ecológica, al hambre creciente de la humanidad, a la soledad y el abandono de los desvalidos, a la quiebra de la estabilidad en las parejas, etc. Y con esto no quisiera ser considerado un ave de malos presagios, un pesimista, e incluso un perverso, pues parece que siempre tenemos un vecino perfecto, un *marine* ejemplar que estuvo en Vietnam para liberarnos del comunismo mundial, cuya sola mención destruiría cualquier sombra de negatividad cósmica: tú tranquilo, yo nervioso.

Estamos en el bucle de una teología postsecular y postreligiosa que se reproduce partenogenéticamente. Un libro de tantas páginas como el de Javier Elzo termina donde apenas empieza a falta de una analítica sobre el *homo post hominem* de nuestros días en su relación entre Jesucristo y la Iglesia por él fundada. Nada en el libro apunta tampoco hacia algún interés respecto al seguimiento real del Crucificado; sobre datos estadísticos no define la línea de demarcación en el laberinto palingenésico en que se han metido la iglesia y la sociedad.

Pero yo no quiero pesimismo. No predico el apocalipsis. No me place atizar el nihilismo. No deseo avivar el odio. No gusto de predicar noticias falsas. No pretendo ser un profeta de infierno y condenación. No me interesa embobar con promesas de paraísos en la tierra para combatir el infierno. No espero la condenación de los dioses por castigo de nuestras infinitas culpas. No incito al sálvese quien pueda al modo de las ratas abandonando el barco en riesgo. No abomino del hombre real en favor de un hombre máquina. No me agrada vivir a la corintia abandonándolo todo para disfrutar de los últimos días. No es lo mío sustituir la escala de valores por la escala de necesidades. No voto por populistas ni por tiranos redentores. No comparto la tesis de la regeneración del mal mediante la eliminación de los débiles, de los ancianos, de los nascituros, de los pobres, de los negros. No me adhiero a postverdades. No vivo desesperado. No busco notoriedad alarmando. No abomino de la humanidad. Yo quiero querer el sí. Quiero ser una flecha lanzada al infinito por el arco tenso del guerrero. Quiero tener coraje para poner mi humilde lámpara supliendo al sol, si éste me lo pide. Quiero ser el yo que contigo podría llegar a ser. Quiero ser perdonado. Quiero que mi norma de conducta sirva de ayuda a la humanidad. Quiero escribir en mi corazón con tinta sangre que da más fuerza sentirse amado que creerse fuerte. Si no puedo hacer la gran revolución, quiero al menos la revolución callada. Si no puedo llevar una alegría luminosa, tampoco deseo una vida clausurada. Si puedo, convertiré las imágenes desvaídas en rostros con personalidad. Si puedo, seré una descarga de vida a fin de provocar en ti otra descarga de vida. Si puedo ser un volcán nevado y al mismo tiempo encendido por su fuego con una nieve que no lo extinga y con un fuego que no la derrita, lo seré: sea mi vida una inteligencia expresiva capaz de engendrar exigencias, pasiones y revoluciones. Pido amar a la vida como a mí mismo, aunque ella esté en mí mismo y gracias a ella pueda sobrepasarla. Pido que las pasiones de mi subjetividad sean objetivadoras. Pido seguir buscando el principio de los procesos como un eterno principiante. Pido convertirme en un palacio de exposiciones y congresos, no de lo uno sin lo otro. Pido el fluir de una memoria viva, no paralizada. Pido educar la vida ajena con el alimento de mis ojos, sin que el mío sea un único ojo ciclópeo, sino como el de Briareo el de los mil ojos. Pido que mi ojo no sea una expectativa cinegética, sino una experiencia de comunión. Pido, Señor Dios nuestro, reclinar la cabeza, el corazón y el ojo en la misma línea de visión para que nada me impida llegar a verTe.

Ser Papa en la Iglesia católica

Por razones históricas y personales pienso más en los Papas católicos cuando se trata de la Iglesia, que cuando se trata de Jesucristo. Lo primero es una obviedad, pues no hay Iglesia sin Papa, lo segundo a veces una tragedia. Nadie es católico por seguir a ningún Papa, sino por intentar seguir a Cristo. En sí misma considerada, la figura del sumo sacerdote resulta sumamente compleja, pues no solamente trata de hacer entender a Dios en el corazón de las gentes, sino a Dios mismo en sí mismo para nosotros, hermenéutica de segundo grado más allá de la cual no sería posible añadir una sola palabra más. A veces resulta más difícil entender a ciertos hombres que al Dios entero y verdadero, pues si no fuera enteramente verdadero no sería Dios.

Por otra parte, apurando la hipérbole, todo Papa me parece un sacerdote al borde de un ataque de nervios, dado su oficio de enseñar no sólo *intra Eclessiam,* sino *extra Ecclesiam* a toda la humanidad, siendo como lo es ella tan compleja y diversificada ella misma en cada una de sus eclesiolas, y esto por no hablar de las dificultades propias de cada pontífice concreto a la hora de dar lecciones *urbi et orbe* a la entera humanidad haciendo como que sigue la inspiración de sus predecesores, como ocurre con las Encíclicas. En efecto, el término mismo "encíclica" (εγκυκλιος), que significa "carta transversal que se inclina", es decir, que se apoya en las anteriores de los Papas precedentes a lo largo de los tiempos cambiantes, es un ejemplo de imposibilidad intrínseca, pues por encima de la continuidad de sus contenidos rige el cambio y la discontinuidad, como no podía ser de otro modo en el fluir histórico. Las encíclicas últimas en materia social, por ejemplo, son un ejemplo evidente de ese *mantenella y enmendalla*: ¿cree alguien que es lo mismo lo predicado por León XIII que por Francisco?

Nuestro hijo, pobrecito, decía cuando era pequeño que quería ser Sumo Pontífice, lo que causaba ataques de hilaridad entre nuestros amigos. Al menos en la España de las dos velocidades, hay una antipapía fóbica por parte de ese izquierdismo-pope del progre eterno, y otra más papista que el Papa, no menos fóbica ni dogmática y cerril. Estériles árboles del mal en el Edén que me desasosiegan. Estos modernos fariseos cuelgan y descuelgan a Jesucristo cuando es su gusto en cada Semana santa. Recuerdo una de las venidas de Juan Pablo II al gallego Monte del gozo, donde la Iglesia católica española me invitó a hablar a los jóvenes que casi chapoteando entre el barro vitoreaban entusiásticamente día y noche en sus tiendas de campaña a Juan Pablo II a la voz de *totus tuus* como si en ello les fuera la vida. El otro orador laico (creo que solo éramos dos los conferenciantes sin capisallos) fue Marcelino Oreja, que habló con lenguaje curiáceo/curáceo desde su España cristiana democráticamente clericalizada. Profesor como lo era yo por aquel entonces también en la Facultad de filosofía de la Universidad Complutense de Madrid y al mismo tiempo durante unas horas en la Universidad CEU, al regreso a esta última les hablé a los alumnos de dicha institución sobre las encíclicas de Juan Pablo II, lo que les incomodó mucho: "nosotros queremos que nos hable usted del Papa Juan Pablo, no de sus encíclicas". Así que, con Unamuno, no puedo por menos de echar de menos a los grandes "herejes" antes que a toda esta ralea que identifica la historia de la Iglesia con las historias de los papados sin apenas idea de teología, de cristología, ni de sí mismos. La adherencia o repulsa al papado galopan juntas desde hace más de dos mil años, y si Dios no lo remedia así seguirá siendo en cada fariseo.

Nadie ignora que los Papas tienen un poder enorme, ni que como tales pueden enaltecer o degradar su servicio, y no seré yo quien reste importancia a sus figuras. Pero entre el polo político de ser Sumo Pontífice y el polo profético de ser Siervo de los siervos de Cristo, la burocracia eclesiástica sigue imponiéndose. Deificación del Santo Padre (¡Santo sólo es el Señor!) y victoria de la institución sobre el carisma van de consuno. La Iglesia no son únicamente los Papas, sino todos los seguidores del Señor. Wojtyla era polaco y eso se notaba mucho, Francisco era argentino y también. No es verdad que los papas no tengan patria, ni que su formación les convierta en inerrantes por su comunión con el Espíritu Santo. Algunos Papas, lejos de la infalibilidad, han sido infaliblemente falibles con teologías a/teológicas propias de la triada capitalina Trump, Putin, Jinping, el *Trumpupingato* de los popes que se creen y actúan como Poncio Pilato lavándose las manos. No puedo sino manifestar mi respeto al Papa Francisco, aunque sólo fuera por su lucha contra una curia que dejó fuera de combate a Joseph Ratzinger hasta llevarle a dimitir, y que es, digámoslo así, un cáncer de Dios. Me gustan los perdedores y por lo mismo valoro positivamente su denuncia del asombroso desorden antropológico y del eclipse de Dios dentro y fuera de la Iglesia, aunque para mi gusto como pobre seguidor de Jesús creo que hubiera podido ir más lejos. Su posición contra la carnalidad institucional venérea y pederasta me ha encantado realmente, aunque no tanto otras posiciones suyas. Incluso los medios desafectos se han reconciliado con su persona. Francisco ha sido un hombre valiente, pero *el mundo es ansí*, como dijera Arniches, y no todo depende de la capacidad timoneadora en la barca de Pedro, cuyas redes no están precisamente a punto de reventar por la abundancia de peces, sino por la secularización nihilista y epicúrea también intraeclesiástica en un mundo que ya no pide una señal para creer, y al que no le será dada otra señal que la del profeta Jonás.

Como no fumo, no creo en la *fumata bianca* de su sucesor, tampoco en las fumatas negras precedentes, porque afortunadamente el temor a la *fumata nera* es menor en mí que mi esperanza en la misericordia infinita en el nombre del Padre, del Hijo, y del Espíritu Santo. Para los más adictos a los humos blancos o negros esto sería lo propio de un mal católico, claro, o incluso de un ateo, así que adelante: que sigan rezando por la conversión del Papa, pues buena falta nos hace a todos, y a mí el primero por la senda de la Constitución. Lo he detallado en mis *Memorias de un escritor transfronterizo*[17] y tengo un saco de anécdotas de primera mano, que podrían resultar tragicómicas.

---

[17] Editorial Mounier, Madrid, 2019, pp. 255 ss.

Padre nuestro

El *Sermón de la llanura* es una compilación de *logia* aislados pronunciados por Jesús en su predicación del evangelio en arameo en distintas ocasiones (Lucas, Lc 6, 20-49), lo mismo que el *Sermón del monte* (Mateo), el cual era una especie de catecismo de la cristiandad primitiva reelaborado a partir del texto de Lucas con la añadidura de otras sentencias más de Jesús durante su proclamación del evangelio. Ambos sermones se basan en un escrito arameo, conjunto de sentencias primitivas aisladas de Jesús traducidas ambas después al griego. También la oración del *Padre Nuestro* nos ha sido trasmitida en griego por Mateo, que habla a cristianos de origen judío que desde su niñez han aprendido a rezar, cuyo peligro es la rutina, y también por Lucas para cristianos conversos procedentes de la gentilidad que deben aprender a orar y ser animados a ello.

Kerigma y didaché
En la cristiandad primitiva existió una doble forma de instrucción sobre la oración: el *kerigma (anuncio)*, predicación misionera a los de fuera, judíos y gentiles (cuyo más antiguo

resumen lo encontramos en *1 Cor* 15, 3-5), *y didaché (doctrina,* predicación a la comunidad, hacia los que ya están dentro).

Interpretaciones sobre la posibilidad de *complementar o no del Sermón del Monte:*
Para Lutero se trata de unas exigencias de dificultad tan enorme que nadie puede cumplir totalmente, pero empujan a realizar un serio esfuerzo que permite alcanzar metas parciales. Sería *Ley, mossisimus Moses,* Moisés puro, es decir, una *praeparatio evangelica* destinada a que el hombre descubra su indigente impotencia ante la omnipotencia divina. La suya es, pues, una lectura paulinizante (*eis/égesis:* emprendimiento, instigación, empresa, introducción) que interpreta a Jesús desde san Pablo, y no a san Pablo desde Jesús (*ex/égesis:* narración, interpretación del sentido de lo dicho por Jesús).

Para el *Kulturprotestantismus,* que veía en la revelación de Jesús una ética de la civilización, sería una ética intensiva para un periodo de transitoriedad escatológico ante la inminencia del fin del mundo. Cristo no aportaría una ética de la civilización para un plazo largo; la Gran Crisis del presente está llamando a la puerta, la última posibilidad de conversión para evitar lo que ocurrió en Sodoma y Gomorra. ¡Dejad que los muertos entierren a sus muertos, amad a los enemigos, daos a vosotros mismos!

A diferencia de la ética farisaica[18], Jesús pone el acento sobre la salvación que ya ha llegado sin los esfuerzos de los

---

[18] Los escribas eran maestros en teología con largos años de preparación; los fariseos, en cambio, no eran teólogos, sino meros grupos de laicos piadosos, integristas, extendidos por todos los rincones de Palestina, economistas, artesanos, industriales, y sólo eran teólogos sus dirigentes. Según Josefo, en el siglo I d.C. había en Palestina 6000 fariseos con una legislación y una casuística copiosísima. Un gentil se dirigió a Hil-lel (Babilonia 110 a. C., Jerusalén 10 a.C.) con la exigencia de que éste le transmitiera toda la Ley en el tiempo en que él

hombres. Cristo no anuncia una legislación excepcional para un corto período transitorio, pues sus palabras no son únicamente válidas para el tiempo que procede al fin, sino también para después de que ese fin ha llegado[19]. Jesús no fue un perfeccionista en su pedagogía de la salvación al modo de los maestros de la Torá, ni un predicador de la penitencia con una ética de la interinidad como Juan Bautista, ni un autor apocalíptico, interpretaciones legalistas del Sermón del monte todas ellas que sitúan a Jesús dentro del marco del judaísmo tardío, sino que predicó la *basileia*, el reino de Dios.

Padre nuestro, danos el pan

En oraciones sumerias muy anteriores a Moisés y a los profetas encontramos la invocación "padre" como soberano omnipotente y también como padre magnánimo y misericordioso, en cuya mano está la vida de la nación entera (Himno de Ur a Siun, divinidad de la luna). Desde los tiempos más remotos, "padre" significa para los orientales *a la vez padre y madre*. En los textos griegos de los evangelios Jesús utiliza la palabra "*Abba*", con la intimidad del niño pequeño al dirigirse a su papaíto (*abba*), término que abarca a la madre, *imma* (mamá), en plena confianza, según lo confirma el Talmud. Dios padre y madre lo fue desde siempre. Este aparentemente irrespetuoso modo de referirse a Dios resultaba blasfemo en el mundo judío, donde nadie hubiera osado musitar *Abba* para dirigirse con ella a Dios. Pero Jesús lo contradice invitando a hacerse como niños: si no os hacéis como niños... Por eso Abba es *ipsissima vox Iesu*, mismísima palabra de Jesús, el cual da permiso a los creyentes para que se atrevan a llamarle Padre: *audemus dicere*.

---

podía mantenerse sobre su propio pie, expresión que posteriormente vino a significar aturulladamente.
[19] Jeremias, J: *Palabras de Jesús.* Ediciones Fax, Madrid, 1968, pp. 45-48

Hay diferencias asumibles entre el Padre nuestro de Mateo y el de Lucas. Dice Mateo (6, 11): "nuestro pan para mañana dánoslo hoy" (verbo en imperativo presente). Lucas (11,3) amplía la petición: "nuestro pan para mañana dánoslo cada día" (en imperativo aoristo). La palabra griega *epioúsios*, que Lutero traduce por *cotidiano* y que es también la traducción común entre los católicos, retoma según San Jerónimo, padre de la Iglesia, la palabra *mahar* del llamado evangelio arameo de los Nazareos, donde "mañana" no significa sólo el próximo día, sino también el gran mañana, el cumplimiento final, el pan de salvación, el pan de vida, el maná celestial, que en Jesús mismo se hace pan fraccionado y el cáliz bendito.

Hoy-mañana

Para Jesús no hay contraposición entre el pan de la tierra y el pan del cielo, entre el mañana y el hoy. En un mundo sediento y famélico, alejado de Dios, los discípulos de Cristo imploran: "ya, aquí, hoy mismo, danos el pan de vida, Señor". Todo es desde hoy mismo, por eso ruegan también con una petición bimembre que Dios les quiera conceder su perdón *desde hoy mismo,* ahora para siempre y siempre para ahora. Se trata de una escatología en realización que se refiere al tiempo salvífico ahora y siempre, por los siglos de los siglos, a la irrupción de Dios en nuestras vidas.

Perdónanos

Una y otra vez repite Cristo que no podemos pedir perdón a Dios por nuestras culpas, si nosotros mismos no estamos dispuestos a perdonar. Si el implorante no ha aclarado antes sus relaciones con su hermano, si la petición del perdón divino no es sincera, Dios no podrá escucharla. Mateo (6,12) dice «*perdónanos nuestras deudas*», y Lucas (11,4) «*perdónanos nuestros pecados*». El arameo emplea el término *hôbâ,* que propiamente significa deuda dineraria. Mateo dice «así como nosotros también *hemos perdonado* a nuestros deudores», aunque sería erróneo interpretar que nuestro perdón no sólo debe preceder al divino, sino incluso servirle de modelo. En Lucas el «pues también nosotros perdonamos a todo el que nos debe», tiene una voluntad universalista, y responde al *perfectum praesens* del arameo. La redacción de Lucas conservó la forma más antigua en cuanto a su longitud, pero la de Mateo está más próxima al original de la oración aramea, el *Qaddis*, antigua oración sagrada aramea con la cual concluía el servicio divino en las sinagogas, y que sería familiar a Jesús desde su infancia.

Libéranos del mal
El texto griego *kaì mé eisenénkes hémas eis peirasmón*, «y no nos conduzcas a la tentación», se refiere a una antiquísima oración judía para la noche, en la que quizá se inspiró directamente: «no conduzcas mi pie al poder del pecado y no me lleves al poder de la culpa, y no al poder de la tentación, y no al poder de la infamia». En esta oración el término causativo "no conduzcas" tiene un matiz permisivo, pide ser preservados de la caída en el momento de la tentación, no nos dejes caer en la tentación, protégenos durante ella. Esto no significa "presérvanos de ella", sino no nos dejes caer en ella. Según una tradición antigua, Jesús habría dicho la última noche antes de la oración en Getsemaní: «nadie puede alcanzar el reino de los cielos sin haber pasado antes por la tentación». A ningún discípulo del Señor le será ahorrada la prueba de las tentaciones; sólo está prometida la victoria. No se implora que el orante se vea libre de tentaciones, sino la ayuda de Dios para vencerlas.

Dios no nos tienta, ese juego está en el *Qohelet* judío, pero no en el Padre nuestro. Además, el término *tentación* no se refiere a las pequeñas tentaciones de todos los días, sino a la gran tentación final que está en puertas y que ha de pasar sobre el mundo. Se refiere al destaparse de los secretos del Mal, a la revelación del Anticristo, a la abominación de la desolación —Satanás en el puesto de Dios—, a la última persecución y prueba de los santos de Dios realizada por seudoprofetas. A ese asalto último se le llama *apostasía*. La última petición del Padre nuestro quiere, pues, decir: "oh, Señor, guárdanos de apostatar", líbranos del poder maligno que busca precipitar a los hombres en la última condenación, *liberanos a Malo*, del Malo, de lo anticrístico.

Doxología

La apostilla «pues tuyos son el reino, el poder y la gloria por la eternidad. Amén» falta siempre en Lucas y en los manuscritos más antiguos del evangelio de Mateo, y la encontramos por vez primera en la *Didaché*, aunque sería erróneo concluir que el Padre nuestro se haya rezado alguna vez sin una alabanza final a Dios. Una oración que terminase con la palabra "tentación" sería totalmente impensable dentro del ámbito palestino. En el judaísmo era usual finalizar numerosas oraciones con un "sello", con una alabanza de fórmula libre. Tal fue también la intención de Jesús en el Padre nuestro, y así lo practicó la comunidad en sus primeros tiempos: el Padre nuestro se terminaba con un sello, es decir, con una doxología de formulación libre por parte del orante. No olvidemos que el término griego *doxa* no significaba lo mismo en la oración judía que entre los filósofos griegos; para aquellos significaba alabanza, para éstos desconfianza, mera opinión.

Donde quiera que haya hombres y mujeres que se atrevan a pedir a su Padre celestial la revelación de su gloria, el pan de vida y la cancelación de nuestras deudas se está realizando, desde ahora, el reino soberano de Dios sobre las vidas de sus hijos, entre la continua amenaza de la negación y de la apostasía.

Y creo. Creo en el incluyente y eterno amor divino por el sí de su *per/don* restaurador permanente. Creo en Dios, señor y dador de vida eterna, pues vida que no fuese eterna tampoco sería buena vida. Creo en Dios porque aspirar a algo menos sería poca cosa para un ser digno. Creo en Dios porque sin él tampoco creería en mí. Y creo que si Dios no existiera yo tampoco. Creo por el amor de Dios en el amor de Dios. Creo en Dios que me incluye en su vida eternamente amorosa por el sí de su *per/don* restaurador. Lo cual no significa que crea tanto más en Dios cuanto menos crea en mí, conforme a los argumentos de Feuerbach y de la *gauche divine*, mera astilla ideológica del árbol de la demagogia de las *cosmovisiones providencialistas* por ellos mismos aborrecidas. Tampoco me satisface (o por decirlo con Borges, me *desatisface*) un *Dios en devenir* que reencarnase. No creo que haya que acomodarse a la finitud, voy por libre La hermana muerte no me espanta, como tampoco me pone histérico nada que me recuerde que me tengo que ir de este mundo, pues en mi sistema de señales *vida y muerte se copertenecen*, y no llamo *vida* a lo muerto, ni muerto a lo vivo.

No me levanto con el pie izquierdo antes de acostarme, ni me acuesto con el derecho para invocar fortuna, me gusta tener una nalga en el asiento de Bakunin y otra en el de Francisco de Asís. El sueño de mi zapato no es ser pie, ni el sueño de mi pie es ser zapato. No quiero empatías limitadas a sobar la espalda. Acepto *la desprotección como parte de la protección.* Toda muralla presenta siempre un flanco abierto y en toda herida cabe la defensa. Me duele el tú desprotegido que hay en mí mismo y en las gentes a las que hacemos sufrir. Somos infirmes, caedizos.

He vivido como *maestro* aprendiz de aprendices, como enano a hombros de gigantes, y así quiero morir. Tengo siempre a la mano una invitación para el forastero que quiera pensar y hacer conmigo conforme a su propio pensar.

Tengo en muy alta estima al hombre estimable, y en baja al bajuno, al que precisamente porque me duele dedico mi vida, pese a él mismo. Creo más en el don que en el trueque. Y el dinero no es mi compañero, a no ser en lo estrictamente necesario para vivir con modestia. Todos mis proyectos de construcción de una sociedad nueva han fracasado alegremente, pero volvería a repetirlos, aunque también el fracaso anida sutilmente incluso en quienes mueren de éxito.

Espero en la vida eterna trabajando por lo eterno que hay en mi contingencia. Siempre he creído pese a mi poca fe en el Dios de Jesucristo, que llueve para buenos y para malos porque él y sólo él puede ser bueno. En mi cosmovisión no cabe antropocentrismo sin teocentrismo. Lo cual, como antes decía, no significa que crea tanto más en Dios cuanto menos crea en mí. Y reconozco que esta mi *confesión de fe* carece de fundamento epistemológico incontrovertible, por lo cual la sitúo en el marco de lo humildemente eudemonológico.

Le amo porque le mataron por amar

Cuenta quien mucho vivió, mi buen amigo el sociólogo Amando de Miguel la siguiente anécdota: «durante el último decenio del franquismo, a pesar de la teórica apertura del régimen, menudearon los secuestros, cierres y multas de todo tipo de periódicos y revistas incluyendo el diario *Madrid* de Antonio Fontán y Rafael Calvo Serer, donde colaboré con artículos en el 1967-70. Por cierto, en determinados momentos, mis artículos se publicaban los sábados, por la razón de que era ese día cuando Fraga solía ir de caza o a inaugurar paradores de turismo. Era el momento en la que el ministro no podía ojear los periódicos. No es que los dedos se nos hicieran huéspedes. En la *Memoria breve de una vida pública*, para el periodo 1967-1989, Fraga se muestra obsesionado con el diario *Madrid*. En 1969, Fraga me llamó a su despacho mussoliniano de ministro de Información y Turismo, alarmado por el tono de mis artículos en el *Madrid*. La conversación discurrió, más o menos, así, según mi recuerdo: "De Miguel, creo tener cierta autoridad sobre usted, así que le prohíbo escribir". Le contesté con una cierta insolencia juvenil: "Don Manuel, reconozco su autoridad, pero usted me podrá prohibir publicar, pero no escribir". La respuesta de mi profesor se alzó con voz de trueno: "De Miguel, coja usted, ahora mismo, esa puerta y lárguese". Así pues, la represión no fue tan dura. Es un minúsculo incidente para sostener la tesis de que el régimen era autoritario, mas no totalitario».

Yo veo la gran parte de razón que hay en esta escritura, pues a mi propio suegro le pasó algo parecido. Reunido, en efecto, con el aperturista Fraga en su sede del sindicato vertical frente al Paseo del Prado, el ministro, cabreado con el sesgo de la conversación, ni corto ni perezoso, cortó con unas tijeras él mismo el cable del teléfono de su despacho porque le pasaron una llamada inoportuna. Razones, quizá, de su *por el Imperio hacia Dios*. Pese a todo, creo sin la menor duda que la represión fue infinitamente mucho más dura contra los militantes que, sin optar por el exilio, permanecieron fieles a la línea de los ejecutados en las cunetas durante la guerra, o contra quienes participábamos bajo cualquier título en organizaciones más populares; modestamente puedo decir que he sido el pequeño intelectual más censurado del franquismo, aunque sólo fuera por haber enviado al matadero un folleto cada mes en una editorial antirrégimen. Y esto por no hablar de las torturas, las cárceles, y las penas de muerte contra la clase trabajadora militante.

En todo caso, lo que anidó desde tiempos de Caín y Abel y en las dos Españas fue el odio irredento. He aquí la descripción que de don Manuel Azaña hiciera Agustín de Foxá: «Azaña estaba pálido. Tenía una cara ancha, exangüe, con tres verrugas en el carrillo, y unos lentes redondos, bajo las cejas alzadas. Vestía de oscuro. Hablaba frío, despectivo, extenso. Construía la frase literariamente, salpicándola de cinismo, de ironía, de orgullo, porque quería *epatar*, desconcertar, herir. Era árido y de metáforas apagadas. Se veía la carga enorme de rencor y desilusión, que era su motor y su fuerza. Era un lírico del odio, un polemista de la venganza.

Era el símbolo de los mediocres en la hora gloriosa de la revancha». Esa violencia horizontal de los etáneos no es de ayer ni es de mañana, sino del tiro en la nuca de la cepa hispana.

Claro que tampoco faltaron los mejores, y como modelo podemos citar a Víctor Hugo, rebelde y cristiano, que iniciaba así *Los miserables*: «mientras, por culpa de las leyes y de las costumbres, exista una condena social que cree infiernos en plena civilización, mientras no se resuelvan los tres problemas del siglo (la degradación del hombre en el proletariado, la decadencia de la mujer por el hambre, la atrofia del niño por las tinieblas) y, desde un punto de vista más amplio aún, mientras haya ignorancia y miseria sobre la tierra, libros como éste podrían no ser inútiles». Fue una esperanza autoderrotante, pues nunca se cumplió, a pesar de honradas gentes como Jiménez de Asúa: «yo espero, y en la espera anhelo, que llegue una época en que el Derecho penal desaparezca, es decir, que se incorpore a una de las múltiples ramas de la medicina social, y así como está ya preterida la época en que se trataba a los dementes como a los reos, que se modifiquen las ideas sociales hasta el punto de que a los delincuentes se les corrija, se les enmiende o se les cure, de la misma manera que se educa al niño o se asiste al enfermo»[20]. Gentes de esa talla se han dado en todas las latitudes, y así Tolstoi: «vosotros no estaríais en prisión, si nosotros hubiéramos sido mejores nosotros», lo que podría decirse deícticamente a los peores: "vosotros estaríais en la cárcel, en lugar de los inocentes que purgan por vosotros, si nosotros hubiésemos sido más valientes".

Atención a Dostoiesvki: «para mí, el pueblo ruso, al llamar "desgraciados" a los criminales quiere decir: "vosotros habéis pecado y por ello sufrís, pero nosotros también somos

---

[20] Sainz Cantero, J-A: *La ciencia del derecho penal y su evolución*. Ed. Bosch, Barcelona, 1970, p. 166.

pecadores. Si hubiéramos sido mejores nosotros, vosotros no estaríais en prisión. Con el castigo de vuestro delito lleváis también el fardo de la injusticia general"». Emmanuel Mounier añadía: «más que egoísmo, es ignorancia el no saber que la primera experiencia del verdadero amor es que el amor multiplica el amor y que es preciso lanzarle, desparramarle alrededor de nosotros»[21]. También me sumo a Albert Camus respecto del Cristo crucificado: «le amo, porque le mataron por amar».

---

[21] Mounier, E: *Carta a Paulette Leclercq*, 28/6/1933.

Misterio de Dios e Iglesia

El cristiano demanda con racionalidad cálida: que la Iglesia escuche a todos, que tome nota de cuanto se dice de ella, incluso de las impertinencias, y que discierna sin responder con ira a los airados, sabiendo aprovechar las críticas válidas. Que recuerde que de dos maneras se libera al necesitado: al opresor, ayudándole a desposeerse de los poderes con que esclaviza a los demás y se esclaviza a sí mismo; al oprimido, solidarizándose con él, no solamente de palabra, sino también con obras, pacíficamente. Que no se sitúe en una intemporalidad ajena al tráfago diario de la historia, sino que tenga una presencia operante, y que si ni los partidos de derecha, izquierda, o centro la satisfacen, encuentre los cauces para urgir al hombre a su liberación solidaria y fraterna. Que si habla de Dios sea porque vive a Dios, sin disolver lo religioso en lo sociopolítico, abrazándolo para contemplarlo desde perspectiva escatológica. Que asuma la cultura allende progresismos y retrogradaciones, que eduque conforme a un plan al margen de los bandazos de cada época, que sea propuesta a la vez instructiva y nutritiva. Que informe con transparencia de sí misma, de lo que hace y de lo que no hace, de lo que no debería de hacer y hace, así como de lo que hace y no debería hacer, que comunique al pueblo sus gozos y sus sombras. Que no ceda a las presiones ambientales y que se mantenga siempre como paladín de los derechos de los últimos, que comienzan con el derecho a la vida desde el primer instante.

A una Iglesia que se reclama de Cristo debería practicar la oración sin reducir a Cristo a una ideología, sino a reconocer en Él al Señor y ejercer la comunión de bienes y el amor a los enemigos, el mundo la califica de soñadora, fanática, irrealista y utópica. Para los poderosos sería un escándalo porque defiende la devolución de la tierra y de las empresas a campesinos y obreros, y a los pobres la restitución de lo robado. Está en favor de la vida desde el instante mismo de su fecundación, y en consecuencia contra la pena de muerte. Abandera la defensa de la dignidad de la persona y trabaja para que no la traten como medio o instrumento, y pese a todo ello se sabe pecadora y necesitada de perdón, orando para que en ella permanezca el Espíritu Santo. Consecuentemente crea cauces concretos de acción: hay inmigrantes y exiliados pobres, toxicómanos, alcohólicos, enfermos físicos y mentales, ancianos abandonados o solos, menores y mujeres mal tratados, parados de larga duración, madres solteras, vagabundos, chabolistas, etc, mojándose no sólo a nivel asistencial, sino como Iglesia del Señor. Desde ahí, el desacuerdo que la Iglesia debería mantener con el desorden mundano la lleva a plantearse una presencia en la vida pública creando empresas sociales, cooperativas, sindicales, e incluso grupos de laicos que misionarán enviados por la comunidad cristiana en el mundo de la política asumiendo medios y fines evangélicos. Es una Iglesia que comparte el pan con los demás, que toma parte y partido con ellos, que parte con los necesitados, y que partiéndose el lomo denuncia proféticamente desde Aquel que ha vencido al mundo.

74

No pocos calificarían también a esta perspectiva de fundamentalista, aun siendo radical, por cuanto toma las cosas por la raíz y habla el lenguaje de la realidad desde la opción preferencial por los pobres. Pesca en alta mar, y no en la pequeña pecera partidista. ¡Pero si Cristo nos invita a amar a los hermanos como Él nos ha amado, y precisamente nos ha amado hasta el extremo! Con estos presupuestos se sale de lo políticamente correcto, no obtendríamos muchos votos en unas elecciones, pero cualquier política que quiera hacerse contra este espíritu se arriesga a morir de éxito. Proponerles razonablemente, agavillarles sistemáticamente, elaborarles reflexivamente y vivirles fervorosamente son su condición de posibilidad. Nuestra doctrina social es la *Epístola a Diogneto*: habitar toda patria como tierra extraña y toda tierra extraña como patria. Nuestro reino, aun pasando por este mundo, no es de este mundo, pues su condición de levadura se traduce en exigencia de elevación. Ay de nosotros si no evangelizamos, y si hacemos de los poderes de este mundo la máxima de nuestra conducta. Ay de nosotros si hacemos de nuestra causa la de los malos. Ay de nosotros si buscamos ser premiados allí donde mereceríamos ser castigados. Ay de nosotros si castigamos a los buenos.

«Qué discutible eres, Iglesia, y sin embargo cuánto te quiero. Cuánto me has hecho sufrir, y sin embargo cuánto te debo. Quisiera verte destruida, y sin embargo tengo necesidad de tu presencia. Me has escandalizado siempre, y sin embargo me has hecho entender la santidad. Nada he visto en el mundo más oscurantista, más comprometido, más falso, y nada he tocado más puro y bello. Cuántas veces he tenido ganas de cerrarte en tu cara la puerta de mi alma, y cuántas veces he pedido morir sin embargo entre tus brazos seguros. No, no puedo irme de ti, porque soy tú, aunque no sea completamente tú. Además, ¿a dónde iría, a construir otra Iglesia mejor? ¿Cómo voy a hacerlo, sino con los mismos defectos, con mis pecados que llevo dentro? Además, si la construyo será mi Iglesia, no la de Cristo. Soy bastante mayor para entender que no soy mejor que los demás. El otro día un amigo escribió una carta a un periódico: "dejo la Iglesia porque por su compromiso con los ricos ya no es creíble". ¡Me da pena! O es un orgulloso sentimental sin experiencia, o es simplemente un orgulloso que se cree mejor que los demás. La Iglesia tiene el poder de darme la santidad, y está formada toda ella, del primero al último, por pecadores, ¡y qué pobres pecadores! Tiene la fe omnipotente, invencible, de renovar el misterio eucarístico, y está compuesta por hombres débiles, perplejos, que se debaten cada día contra la tentación de perder la fe. Lleva un mensaje de pura transparencia y está encarnada en una masa sucia, como sucio es el mundo. Habla de la dulzura del Maestro, de su no violencia, y en la historia ha mandado ejércitos a destruir fieles y a torturar herejes. Trasmite un mensaje de evangélica pobreza, pero busca dinero y alianza con los poderosos. Los que sueñan cosas diversas a esta realidad, no han entendido al ser humano. Cuando yo era joven, no entendía por qué Jesús, a pesar de que Pedro le niega, le hace sucesor, primer apóstol. Ahora no me extraño, y comprendo mejor que haber fundado la Iglesia sobre la tumba de un traidor, que se asusta por el cotilleo de una sirviente, era una advertencia continua para mantenernos en la conciencia de la propia fragilidad. No: no me voy de esta Iglesia. Aquí está el misterio más grande de la Iglesia. A cada uno de nosotros Dios le dice como a la Iglesia: "yo te haré mi esposa para siempre". Pero al mismo tiempo nos recuerda nuestra realidad: "tu impureza es como la herrumbre. He querido limpiarla, trabajo inútil. Es tan abundante tu miseria, que no se quita ni con el fuego". Basta leer a los Profetas para comprender que, cuanto Dios dice a su pueblo Israel, nos lo dice a cada uno de nosotros. Si las amenazas son numerosas y la violencia del castigo grande, más numerosas son las palabras de amor y más grande la misericordia de Dios. Pero hay aún algo más bello: el Espíritu Santo, que es amor, es capaz de hacernos santos, inmaculados, bellos, y vírgenes, aún vestidos de bribones y adúlteros. El perdón de Dios, cuando nos llega, hace transparente a Zaqueo, y hace inmaculada a Magdalena, la pecadora. Es como si el mal no hubiese podido tocar la profundidad metafísica del hombre. Es como si el amor hubiese impedido pudrirse el alma. "Yo he echado tus pecados sobre mis espaldas", dice Dios a cada uno de nosotros. Y continúa: "te he amado con amor eterno. Por eso te prolongaré mi favor, volveré a edificarte, y serás edificada, virgen de Israel". Nos llama vírgenes, aunque estemos de retorno de la enésima prostitución en el cuerpo, en el alma, y en el corazón. Pero es que Dios es Dios: el único capaz de hacer todas las cosas nuevas».

Ahora bien ¿qué podría querer salvar quien vivió a costa de los demás, voluntariamente echado a los cerdos?, ¿cómo podría él imaginar el cielo, a no ser como un conjunto de insulsos sentados en nubes con túnicas blancas tocando el arpa? ¡Como si se debilitara la prodigiosa variedad humana, como si la vida ante Dios no continuase siendo una empresa enérgica y personalizada, infinitamente enriquecida! Lo primero es el cielo, no el paraíso en la tierra: cada vez que el hombre quiso hacer de la tierra un cielo terminó infernalizándola. El cielo es nuestra patria de identidad, no nos convertiremos a nada que no sea lo eterno verdadero. Que la vida humana sea eterna no evita una tensión de dramática incertidumbre. El hombre situado a la luz de Dios y en el interior de esa comunidad denuncia las injusticias de tantas leyes que son como las telas de araña que detienen a los mosquitos mientras dejan pasar impunemente a los moscardones. El choque adquiere forma no violenta, por lo que a sus adversarios les dice: nuestra capacidad de sufrimiento es tan grande como vuestra capacidad de hacernos sufrir. A vuestra violencia física oponemos nuestra fuerza moral nacida de nuestro amor basado en el Amor de Dios.

Esto la llevará a una denuncia profética desde Aquel que ha vencido al mundo; «el orden por el que la paz cristiana busca la serenidad es el orden de la Cruz, el precio de una lucha, de una conquista, de un desagarro. Algunas personas sentimentales se persuaden de que, cuanto más pura es una idea, menos energía tiene y, abusando escandalosamente de las palabras, hacen pasar bajo el pretexto de la pasividad contemplativa, de la renuncia, de la inefabilidad mística, su amor a la vaguedad y a la desvirilización de su vida espiritual. Especialmente tienen afición a hablar hindú. Sea, hablemos hindú y oigamos también al Mahatma Gandhi tratar de la no violencia: "allí donde solo hay elección entre cobardía y violencia, yo aconsejaría la violencia. Yo cultivo tranquilo el coraje de morir sin matar. Pero yo arriesgaría mil veces la violencia antes que la castración de toda una raza". Porque no tienen el coraje de ser hombres del mundo, creen que son de Dios. Porque no tienen el coraje de ser de uno de los partidos del hombre, creen que son del partido de Dios. Este mundo es un mundo sólido, duro. El pacifismo idealista no solamente detesta la brutalidad, sino que tiene horror enfermizo a la firmeza en la virtud: quisiera reconstruir al hombre sin esa materia rebelde, y a la virtud sin esa tensión soberana. Nuestra condición temporal nos prohíbe obrar como si la fuerza bruta estuviese ausente del juego de los hombres, dado que nunca será totalmente expulsada de allí antes de la reconciliación final. Pero el pesimismo no es católico. Para el catolicismo, el pecado original ha privado al hombre de un régimen de gracia sobreabundante y ha herido, quebrantada en sus profundidades por esa privación, a una naturaleza orgánicamente inserta en esa vida de gracia. Pero no la ha destruido ni mancillado, y esa naturaleza, que permanece sustancialmente buena, es en todo momento, por su consentimiento a una gracia siempre ofrecida, capaz de restauración. Al belicismo que considera la guerra como una fatalidad ineluctable de la naturaleza, y por consiguiente como un organismo político normal, nosotros oponemos la teología y la esperanza cristianas.

Pero la antropología cristiana no está menos en las antípodas de esa visión seráfica de la humanidad que despliega sus colores pueriles sobre las efusiones de un cierto pacifismo. Bondad natural de los individuos, bondad natural de los pueblos, superabundancia generosa de la naturaleza y de la economía, progreso automático de la historia, triunfo automático de la Idea, su mundo es un Edén en vísperas de manifestarse. He ahí una fijación pueril de la adolescencia. Contra esas enfermedades de la educación o de la espiritualidad interviene la enseñanza del realismo cristiano: "no he venido a traer la paz, sino la espada". Una ley de guerra está escrita en el corazón del individuo, que hace frente a su inclinación al pecado con los avances de la gracia, que se inserta entre los individuos y las sociedades, en sus torpes deseos que compiten por bienes limitados y por posesiones exclusivas"[22].

En definitiva, «el papel del espíritu cristiano es disminuir poco a poco desde el interior la servidumbre de la fuerza, insertando en ella progresivamente primero una justicia limitativa tosca, como la ley del talión en el código de Moisés, después una justicia de reciprocidad, y finalmente la desmesura y la superabundancia de la caridad. Dios ha graduado esta enseñanza, antes del Evangelio por el desarrollo de la tradición profética, y después de Cristo mediante el desarrollo de la tradición de la Iglesia. Pero, por muy paciente que sea esta pedagogía, las costumbres de los hombres van más despacio aún. Incluso allí donde la justicia y la caridad

---

[22] Mounier, E: *Los cristianos ante el problema de la paz.* Ed, Sígueme, Salamanca, I, pp. 919-921.

cristianas parecen a través de siglos de paciente civilización haber desanudado los odios y desarmado la violencia, odio y violencia renacen intactos en el corazón de cada generación; entonces los poderes ocultos subidos de las cavernas de la vida y de los abismos del pecado explotan de nuevo con una energía que los tiempos pueden provisionalmente encadenar, aunque no estén acostumbrados a ello. Contra esta fuerza brutal la Iglesia enseña que la caridad heroica es el arma propia del cristiano, esa que bajo los pasos de san Francisco o de los mártires del Coliseo desarma a las bestias salvajes, a imagen de esa fe viva que mueve montañas. Pero es la fe perfecta la que mueve montañas, y no las profesiones de fe; es la caridad perfecta la que desconcierta a la fuerza, no las inclinaciones caritativas. Tocamos así el momento más delicado de la espiritualidad cristiana de la paz, y es necesario hacernos entender sin error. No hemos de quitar ni una coma a lo absoluto de la ley de la caridad para acomodarla a los fallos de los hombres. Su llamada permanece suspendida sobre cada uno de nosotros. Debemos, pues, guardarnos de creer que los métodos más cristianos han de ceder ante las empresas de fuerza a las debilidades de los métodos liberales: moratorias, argucias, trámites minuciosos e interminables, protestas morales y concesiones sin grandeza ni provecho. A los cristianos nos corresponde inventar una técnica de resistencia de fuerza que no recurra al odio ni a la mentira, ni al chantaje ni a la brutalidad, pero que no se prive del estilo directo. Traicionar lo temporal echándole sermones entraña peligros espirituales, entre otros, el de favorecer la leyenda, cada vez más extendida en los países totalitarios, que hace del cristiano un santurrón, sin fidelidad, sin instinto, pródigo en dar consejos... ¡decir eso del cristiano por quien Dios se encarnó para que tenga Vida y la tenga en abundancia!

Pero nadie puede ir más deprisa que su tiempo, ni sobrepasar ciertos límites de su madurez espiritual. En vez de imaginar las relaciones humanas bajo el aspecto de un sueño bienaventurado y de una dulzura indiferente, reconoceré en un aspecto esencial de la paz cristiana una transfiguración de la fuerza: no ya violencia agresiva, sino vigor tenso, ofensivo, aventurero, generoso. La fuerza espiritual no tiene su medida en sí misma, sino en los valores a los que ella sirve. *Suaviter et fortiter*: ambas palabras están indisolublemente ligadas. Lo cual equivale a una paz que tenga la grandeza de alma de la guerra, restableciendo en la paz las virtudes de la guerra, en lugar de hacer de las asociaciones por la paz un hospital para impotentes. Y, aun rechazando la guerra moderna, que ya no es heroica, sino pérfida, mecánica, inhumana, mentirosa, devuelve a esa paz las virtudes viriles, el sentido del sacrificio, la fuerza de superación que se atribuye a la guerra: la paz no es un estado débil, es el estado fuerte que requiere de nosotros el máximo de desprendimiento, de esfuerzo y de riesgo para mantener en ella el heroísmo de nuestra vocación cristiana»[23].

---

[23] *Ibi*, pp. 923-927.

La Iglesia, mejor si echada al Monte

Imposible ser cristiano sin querer saber nada del sermón del Monte viviendo terrenalmente a costa de los demás. La salvación viene de lo profundo de la muerte resucitada. Lo primero es el cielo, decíamos más arriba. El cielo es nuestra patria de identidad; la omisión de la expectativa de la vida perdurable sólo agudizaría la sensación de impotencia militante. Pero —también decíamos— la idea de que la vida humana es eterna no evita una tensión: desde la Iglesia apostólica y misionera se denunciarán las injusticias y esta confrontación será no violenta, desde una fuerza moral nacida de nuestro amor basado en el Amor de Dios.

Por el bautismo he sido consagrado en sacerdote (*sacer dos:* realidad sagrada, don sagrado, regalo sagrado con los demás, con/sagrado), en profeta al que Dios dice que diga lo que Él dice que diga, y en rey, rey de un Reino que no es de este mundo, pero que ya ha comenzado en este mundo, y ello hasta tal extremo que no comprendo el interés de quienes se obstinan en resucitar allí como ángeles pero viven aquí como cerdos del rebaño de Epicuro: ¿piensan que el Reino de Dios nada tiene que ver con este mundo? La partida de bautismo, pues, representa mi más preciado título de gloria, la patria de mi identidad, el documento de gracia; en comparación con ella, los demás títulos forman parte de mi *ridiculum vitae*, de una vida que sería ya ininteligible sin el bautismo. Así pues, gracias al bautismo recibido en la Iglesia, sólo por gracia, soy quien soy para poder llegar a ser quien debo ser y agradecer como es justo y necesario agradecer.

Mi incondicional pertenencia a la Iglesia no la entiendo como Iglesia de perfectos (pues entonces ¿cómo aspirar a vivir en su interior?), sino como lugar de seguimiento del Santo, a pesar de mis pecados y de los de todos.

Quisiera morir siguiendo al Santo —gracias al cual la Iglesia es santa—, tomar tierra en el camposanto, y ser despedido con un responso que sea respuesta (*responsum*) y re/esponsalidad (*re/sponsum*) a mi consagración a Dios. Desde ella he ido renunciado a la ética entendida como esfuerzo ascético. La Iglesia no es una Academia de ética, sino una realidad santa cuando sigue al Santo: no expende diplomas de bondad prometeica, sino que perdona a los pecadores que se acogen a la Gracia resucitada y resucitadora. Desde esa *matria* de acogida, asumo toda patria como tierra extraña y toda tierra extraña como patria; como *santa* porque Santo es el Señor; como *católica* por la misionera difusividad sin fronteras del Amor, y como *apostólica* o militante. El resto lo dejamos para las ONG subvencionadas.

El cristiano vive la buena ventura desde el Bienaventurado. Pobres eran los *am haarez*, los que escuchaban su palabra, gentes semianalfabetas sin otro horizonte que el de encontrar trabajo, comer, dormir y morir, que vivían en un tiempo y en una tierra muy duros, que sabían que cuando un año faltaban las lluvias en otoño tal vez sería ya imposible la siembra y que después vendría un año de hambre. Y a ellos Jesús les insta a vivir según las Bienaventuranzas, que no eran dulces mensajes para beatas.

Cristo no llamaba bienaventurado al pobre por el hecho de serlo; mucho menos podía referirse al rico que, con la disculpa de que no está apegado a sus riquezas, sigue viviendo y disfrutando cómodamente de ellas. No se puede ser pobre de espíritu y vivir como un rico. Mas la bienaventuranza evangélica va mucho más allá que un puro problema de dinero. La palabra que Jesús usó para definir a los pobres fue *anaw* y este término significaba en hebreo a un grupo muy concreto. *Anaw* eran los humildes, los oprimidos, los desgraciados, los cargados de deudas y de enfermedades, los desamparados, los marginados. Pero a esa palabra *pobre* añadían siempre los judíos una segunda expresión y hablaban de los *pobres de Yahvé*. Eran estos los que, precisamente por no tener nada, precisamente debido a su desamparo, se acercaban a Dios, ponían en él toda su confianza, cumplían su voluntad, observaban la ley. Jesús proclama bienaventurados a los que son conscientes de que viven en el destierro, a los que tienen llanto en el alma, a los que experimentan que se encuentran lejos de Dios, a los que sufren en su carne por estar sometidos a la tiranía del pecado, tanto del propio como del ajeno. Jesús comienza la predicación de su Reino desplegando para ellos la gran bandera que centra todas las expectativas humanas, la felicidad, que Jesús anuncia y promete a los humildes, pero situándola donde menos podría esperarlo el ser humano: no en el poseer ni en el dominar, ni en el triunfar, sino lisa y llanamente en el amar y ser amado de forma gratuita, en querer a Dios y en ser querido por Él, y en Él y desde Él quererse a sí mismo y querer a los hermanos. A ellos les reserva Dios un infinito caudal de alegrías.

Los realmente pobres de los que Jesús habla son los que no se detienen en la idolatría de las riquezas y no tienen otro Dios que Yahvé; los que viven abiertos a él y a su palabra, los que no confían en el dinero, ni en los demás hombres y ni siquiera en sí mismos, sino en sólo Dios. Pobres son los que están perpetuamente disponibles a caminar hacia Dios, los que no están atados a ninguna propiedad porque nada tienen, los que como el propio Jesús no tienen una piedra donde reclinar la cabeza, los que son como él. Pobres son los que han elegido la libertad de no estar encadenados a nada de este mundo, ni siquiera a sí mismos, a sus ambiciones y sus orgullos. La miseria obligada es esclavitud, pero esta pobreza libre que Jesús pregona es liberación. La pobreza forzosa es carencia, vacío; la pobreza de Jesús es plenitud, es apertura hacia el todo. Él no pide renuncia a la riqueza por la riqueza, sino renuncia a cuanto aparta de Dios.

A estos hombres abiertos Jesús les promete el reino de Dios. Que san Mateo haya traducido «reino de Dios» por «reino de los cielos» responde al pudor con que los judíos eludían el nombre de Dios y aludían a él mediante paráfrasis. El reino que Jesús anuncia a los pobres es ese que él viene anunciando desde el comienzo de su predicación, ese que «está en medio de vosotros». Lo que dice es que, en el seno de la presente humanidad, en el corazón de la actual creación, está ya en trance de formarse otra creación, nueva, que está formándose, construyéndose. Es la humanidad nueva de la que él constituye el primer eslabón. Los pobres, los abiertos de corazón, los libres, los no encadenados ni al mundo ni a sí mismos, esos formarán parte de esa nueva humanidad que, conducida por él, traspasa las barreras de este mundo. Y esa alegría prometida a los pobres procede de que es la divinidad misma quien cuida al cuidador de la viña, la bienaventuranza misma: Jesús es el bienaventurado que ha cumplido y vivido hasta el fondo las ocho bienaventuranzas: el pobre, el manso, el que conoció las lágrimas, el misericordioso, el limpio, el pacífico, el que murió en la cruz. Y porque fue pobre, manso, limpio, y misericordioso, y porque lloró y tuvo hambre y sed de justicia, porque sembró la paz y fue perseguido, por todo ello en él se inauguró el reino de Dios. Por eso, detrás de la cruz, conoció el signo más claro de la victoria, la verdadera alegría. De ella proviene la verdadera e inquebrantable alegría del compromiso con los últimos[24].

Pero este monte de las Bienaventuranzas es en verdad un preludio del monte Calvario; «el día en que Cristo enseñó las bienaventuranzas firmó su propia sentencia de muerte: no puede predicarse algo tan contrario a la sabiduría de este mundo sin que el mundo acabe vengándose y llevando al predicador a la muerte». Porque decir las cosas que dijo es el mejor camino para crearse enemigos. La crucifixión no puede estar lejos de quien se atreva a decir: «¡ay de vosotros, los ricos!». Tampoco puede estar lejos de quien hoy se atreva a creerlo. Ahora bien, Jesús no dijo sólo «bienaventurados los pobres», dijo también: «¡ay de vosotros, los ricos!». Predijo la felicidad de los perseguidos e invitó a temblar a quienes eran alabados por los hombres: «¡ay de vosotros, los ricos, porque habéis recibido vuestro consuelo!, ¡ay de vosotros, los que ahora estáis hartos, porque tendréis hambre!, ¡ay de los que reís ahora, porque tendréis aflicción y llanto!, ¡ay cuando todos los hombres hablen bien de vosotros, porque de ese modo trataron a sus padres los falsos profetas!» (*Lc* 6, 24-26)[25].

---

[24] Cf Martín Descalzo, J-L: *Vida y misterio de Jesús de Nazareth*. Ed. Sígueme, Salamanca, 1994
[25] Ibid

La persona en el corazón de Dios.
Dios en el corazón de la persona

Yo creo en Dios y celebro su existencia. Creado por Dios, pero en la tierra. Hecho por la divinidad, pero de barro. Barro, pero con un soplo divino. Solo, pero acompañado. Ni el Antiguo ni el Nuevo Testamento pretenden demostrar la existencia de un Dios que se revela[26]. Por eso *creo en Dios* significa: me arriesgo, me comprometo al vivirlo, me entrego a, participo en, pues aquello a lo que se adhiere y se abandona tu corazón es propiamente tu Dios.

Pero no puedo proclamar *creo en Dios* sin abandonar las seguridades absolutas que pudieran venirme de otra parte: sólo Él responde a mis exigencias más profundas. Al decir *creo* hago profesión de fe proclamando la grandeza y el poder del Señor. Creo en Dios porque Dios cree en mí, pese a mí: Él ha tomado la iniciativa[27], ha venido a mí y se ha hecho cargo de mí. La promesa de Dios es: yo estoy aquí para ti. Él sale a mi encuentro, suceda lo que suceda: «si Dios está conmigo, ¿quién contra mí? Ni ángeles ni potestades, ni potencias de las

---

[26] *1Cor* 1,22.25
[27] «Yo soy Yahvé, tu Dios» *Dt* 5,6

alturas o lo profundo, ni ninguna otra creatura pueden apartarnos del amor de Dios que está en Cristo Jesús, nuestro Señor»[28]. Porque Dios está de mi parte, puedo laborar completamente para Él.

Creer es por tanto alabar. Gloria a Dios, gratitud, porque es la causa de mi alegría para dar las gracias. A más gratitud, más júbilo; cuanto más aprendemos a amar lo singular, tanto más a Dios y a nosotros mismos, pues la satisfacción de uno mismo, bien entendida, es como una gratitud de uno mismo hacia uno mismo. La amistad danza alrededor del mundo pidiendo que nos despertemos para dar gracias por la gracia de vivir y de haber vivido. Porque la gratitud es la alegría de la memoria, el agradecido alaba a quien le ha proporcionado los momentos de gozo, mientras que el desagradecido sólo sabe echar en cara, reprochar, lo que le convierte en desgraciado. Alegrarse pasando del dolor atroz de la pérdida a la dulzura del recuerdo; alegrarse por poder contemplar la mancha resulta de un trabajo de purificación, sin olvidar que sólo hay felicidad si lo definitorio de un acto es capaz de ser elevado a definitivo. Para Dios todo es sencillo; para los sencillos todo es divino. Nietzsche arremetió contra la religión triste de quienes, al salir del templo en cuyo interior se han cubierto de ceniza, sólo parecen interesados en comentar trivialmente el tiempo atmosférico, pues proclamar el anuncio con el corazón frío es proclamar una mala noticia. El hermano Francisco adora, agradece, y exulta: da gracias por la creación, bendice, celebra, elogia, enaltece, honora, aplaude, dice *amén*, término que en hebreo pertenece a la misma raíz que *aman* (ser estable, seguro, confiado), de la que proviene también la forma verbal causal *he'emin* que connota solidez, fiabilidad, fidelidad, confianza). Porque el *amén* expresa tanto la fidelidad de Dios hacia nosotros, como la nuestra en Él;

---

[28] *Rom* 8,31-38

creer es decir *amén* a Dios, dejar que Dios sea Dios, reconocerlo como único fundamento y sentido.

En su alabanza descansa mi carácter. La felicidad no es sólo un lugar al que vamos, sino también el modo de ir. Camino, caminante y meta se dan en las personas maduras con ingenuidad crítica, con sagacidad prudente, con intención bondadosa y con reflexividad lúcida. Quien así actúa tiene un buen trecho recorrido y puede ser más feliz. La persona madura conoce y asume los límites, insuficiencias y miseria de la existencia, sin por eso dar por bueno lo malo, ruin e inauténtico, sin maquillar el desorden de la existencia, el sufrimiento, las aporías, sin abandonar el trabajo, cumpliendo con las obligaciones que ha asumido, con las exigencias que le plantean la familia, la profesión, la comunidad. Y lo hace con fidelidad y exactitud, pese a todos los fracasos. Sabe que, aunque hace constantemente cosas aparentemente inútiles, se dan en él impulsos no controlables que mantienen la existencia tan profundamente amenazada. En esta actitud hay disciplina y renuncia, un coraje que no tiene tanto de osadía como de determinación, fidelidad y paciencia: lo que se llama carácter. Es la persona soberana, capaz de dar garantía; tanto la suerte humana como la cultural de una época podrían valorarse por la cantidad de personas de esta clase que se dan en ella, y por su influjo en la misma.

Aunque el ser feliz se conjuga en pretérito por medio del recuerdo y en futuro por medio de la esperanza, pareciendo a veces que falta en el tiempo presente, todo lo verdadero es presente; con frecuencia se es feliz cuando uno no se da cuenta de ello, pues sólo se comprende y echa de menos cuando se ha perdido. La felicidad no es un descanso, sino una tregua; no sólo una realización, sino también un proyecto; no algo que se acumula, sino algo que se gana y se pierde, y que encuentra quien va por la vida ligero de equipaje: es algo que regalándose se gana y sembrando se cosecha.

Desde el Dios Amor queda absolutamente fundada la dignidad humana. Vicentito no conoce a sus padres, ni a nadie; babea permanentemente; padece ataques y convulsiones periódicas; ni siquiera sabe regular sus esfínteres. ¿Alguna habilidad? Da vueltas y vueltas de día y de noche en torno a una estufa de carbón sin tropezar con ella. Vicentito podría ser considerado por algunos como un ser inferior a otros animales más inteligentes. Sin embargo, desde la perspectiva del amor que le profesó su madre, Vicentito es la persona más digna del universo: quien nos ama nos reconoce como personas, estemos como estemos. El amor dignifica y rescata del olvido y de la muerte. Da más fuerte sentirse amado que creerse fuerte. Sólo desde un Amor absoluto e incondicional queda absolutamente fundada la dignidad humana.

Si amar a otro es decirle «mientras yo viva tú no morirás», mientras exista un Ser tal cuya naturaleza consiste en amarnos desde siempre y para siempre incondicionalmente (Dios), mientras Él viva nosotros viviremos en su Amor. Dios es el conector absoluto de virtud y felicidad. Si Dios existiera, premiaría a los buenos, haría felices en la eternidad a los virtuosos, aunque este mundo les denigre. A los interesados en leyes de virtud ¿por qué habría de molestarles la necesidad del Dios Amor para que el humano alcance su reconocimiento eterno? Si Dios existe, y es Padre bueno —y yo no podría aceptar ninguna otra idea de Dios—, estará sumamente interesado en la felicidad de todos sus hijos, especialmente de los más débiles, los más tontos, los más injustamente tratados. Lo que tenga el hijo de valioso vendrá dado por lo que tenga de hijo abierto al Padre bueno a través de esa relación filial. No surge, pues, del humano la dignidad humana, sino de la gratuidad de Dios. A mayor gratuidad por parte de Dios, mayor exigencia del creyente. La religión es afirmación absoluta del ser humano a la luz de Dios. No cabe afirmar a

Dios sin afirmar al hombre, negando a éste se niega a Dios. A mayor gratuidad divina, más agradecimiento humano, y por ende más modestia: Dios ama a todos, no sólo a quienes creen en él. Porque Dios le mira puede mirar el humano. Un auténtico encuentro acontece en presencia de Dios, es decir, allí donde las personas participan, por su común apertura a Dios, en su originalidad única y en su libertad[29].

No cabe afirmar a Dios sin afirmar al hombre; al negar al hombre se niega a Dios. Vivimos afirmados por Dios; buscar el sentido fuera de Dios sería ingenuo, pues nunca podríamos llegar al Absoluto sin el Absoluto. La vida humana se encuentra ya constitutivamente anclada en el Absoluto-Dios; el hombre sólo puede afirmar a Dios si vive afirmado por Dios, de modo que en esta afirmación acontezca Dios en su vida. A mayor toma de conciencia de mi yo, tanta más conciencia de Dios, pero no de Dios en sí mismo, sino de Dios en mí desde un mí fundado por el Fundante. Dios, pues, en cuanto que hace posible la vida humana, es trascendente; pero, a la vez, inmanente e íntimo por ser aquel ser por el que el hombre se constituye como tal.

Derivadamente, el objeto material de la religión no es Dios en sí mismo, sino su presencia en el hombre en cuanto presencia de Dios; por ende, la religión es la afirmación del Absoluto-Dios presencializado en la vida humana, y la afirmación del hombre presencializado en Dios. Una religión al margen de la *humanitas* sería vacía, y a su vez cualquier cultura sin religión sería ciega, al cerrarse a su último sentido y al exponerse constantemente a la caída en la nada. En la vida humana irrumpe el Absoluto como manifestación y patencia

---

[29] Estas afirmaciones constituyen el trasfondo de Emil Brunner. Cfr. Díaz, C: *La persona como don.* Ed. Encuentro, Madrid, 2000. Asimismo, están cercanas al pensamiento de H-U von Balthasar. Cfr. *Entre Atenas y Jerusalén.* Ed. Atenas, Madrid, 1993.

de sí; por eso el hombre, en cuanto afirmado por el Absoluto, supera infinitamente al hombre en la presencia del Absoluto.

La persona podrá ser amada por sí misma precisamente porque es la presencia y el rostro de Dios vuelto hacia ella. El humanismo posibilitado por este teísmo no es, por tanto, un humanismo estético conservador, y la fe en Dios deviene un empeño ininterrumpido por la verificación del humanismo teológico: presencialización de Dios en la autorrealización de la existencia humana.

¿De dónde, pues, le viene al humano su identificación como tal, qué le constituye en su *humanitas*? Aquello que en él existe de reflejo de la *divinitas*: el hombre no es cognoscible desde sí mismo, sino solamente desde Dios. La actividad del *cogito* humano deriva del *soy amado* con que Dios le pensó y fundó y le quiso primero; al revelarse Dios al hombre le hizo comprenderse también a la vez como hombre: somos personas porque —aunque nadie nos amase— somos amados indefectiblemente por el Dios que nos creó. No cualquier teísmo filosófico, sino tan solo la revelación del Dios vivo, puede decirnos lo que significa el Dios personal, y por ende lo que significa la personalidad humana.

¿Quiere esto decir que el a/teo se autoignora como persona al no reconocer esa revelación? Lo que el hombre natural experimenta oscuramente en su conciencia moral como conocimiento de la responsabilidad, eso se hace luminoso y claro en el encuentro con el Dios que se autorrevela y en esta autorrevelación nos ama.

La razón fiel

1. Corazas de infidelidad, pero vemos las ajenas, y no las propias, por lo cual nadie se hace cargo de nadie mientras se obsesiona consigo mismo. Ser fiel al nosotros consiste en ir eliminando en lo posible las corazas ocultadoras.

2. Sospecha y desconfianza preludian infidelidad. La vida nunca se configura enteramente según lo imaginado, por ello precisa de la confianza.

3. La fidelidad es una virtud fuerte. Cuando estamos débiles, el pavor a la pérdida de firmeza propia nos hace empujar, derribar y abandonar al otro. La avalancha de pánico es trans/itiva, va más allá. Incluso cuando no hay peste, quien la teme comienza a apestar un poco, el miedo se huele.

4. Quien no vivió la confianza en la tierra sólo será capaz de vivirla en las nubes. Fidelidad en la nube: las telenovelas.

5. El miedo a que los demás no nos sean fieles o nos fallen nos desarbola de mil modos: miedo a la enfermedad, miedo a la muerte, miedo a la soledad, miedo a dejar ser uno mismo, miedo al miedo.

6. El miedo pánico lleva a algunos a quitarse de en medio antes de que los despachen: por temor a la muerte hay

quienes se matan, si bien este egocidio puede cocinarse lentamente cada día sin llegar a consumarse.

7. El miedo a que la vida nos sea infiel genera reactivamente una avalancha amorfa. Y soy infiel a la vida que me es infiel. A veces se es infiel, aunque la vida nos sea fiel, o a la inversa, pero quien la teme comienza a apestar. Dime a qué apestas y te diré con quién. La peste se traslada a otro abriendo camino al pánico generalizado.

8. Miedo e infidelidad, dos caras de la misma moneda, llegan a paralizarnos para no enfrentar la realidad (miedo imaginario neurótico), que anticipando mediante la fantasía los peores escenarios posibles nos lleva a actuar temerariamente. Para salvar la fidelidad hace falta miedo real respeto a las consecuencias reales derivadas de la infidelidad posible.

9. Infidelidad a la realidad, negada para que no pueda conocerse o definirse la fidelidad a la realidad. Los débiles veritativos recurren a la verdad cuando andan cortos de mentiras, o la declaran para que les crean cuando mienten, pues la verdad es aburrida y peligrosa. Hay verdades tan evidentes que no caben en nuestros cerebros. Todos deseamos tener la verdad de nuestra parte, pero pocos estamos de su parte, quizá porque sea demasiado grande para nosotros.

10. Miedo a que nos digan la verdad y a decirla. Quien teme que le digan la verdad no sólo teme la verdad sino también sus consecuencias. No pocos se hacen los locos para evitar reconocer que están locos. Aunque seamos un poco tontos por lo menos cinco minutos al día, la sabiduría consiste tan sólo en no rebasar el límite siendo fieles a ella.

11. El miedo a la verdad en el sistema escolar impide abandonar los viejos sistemas de creencias, aunque se hayan quedado obsoletos e inviables. Entonces nos ponemos a la defensiva, e incluso los tomamos como enemigos personales

nuestros. ¿No es esto infidelidad a toda verdad, a las personas, al propio país, al mundo entero?

12. Infidelidad a sí mismos y a los alumnos. No pocos maestros tratan de compensar su impericia con simpáticas camaraderías aprobando masivamente, amnistía social permanente. El resultado es una sociedad llena de sabios que no saben nada.

13. Existe una resistencia infiel blanda al padre, maestro, o a la sociedad manipuladora en todas las cuestiones; el alumno alaba desmesuradamente al maestro y nada le parece bastante para difundir su gloria creyendo cuanto le dice y acatando todo cuanto de él se exige. A veces hasta aprende por pura veneración y amor.

14. Quien ve en su maestro un ángel blanco que le cuida, pero un diablo negro tan pronto como manifiesta exigencias realiza una transferencia negativa. Mas, cuando el maestro rompe esta dependencia presentándose a sí mismo como alguien imperfecto, pasa lo siguiente: "pensaba que había encontrado un sabio capaz de resolverme todos los enigmas y de asistirme en todas las dificultades, y ahora me doy cuenta de que no comprende mucho más que yo mismo".

15. La fidelidad es combativa, no mansurrona. Ahora bien, ser capaz de establecer una verdadera relación con otro ser humano, con lo que es y sobre todo con lo que puede llegar a ser, exige acompañar. No podemos hostilizar a quien nos ayuda a ser fieles a nosotros mismos.

16. Si lo anterior es verdad, entonces nunca debería desestimarse el miedo a nosotros mismos. La finitud nos hace vulnerables, caedizos, y necesitados de protección. El problema es su desmesura, su desbordamiento pánico.

17. El miedo a los sentimientos y a las emociones expresan desconfianza, y por tanto infidelidad, carencia de entrega. El budismo busca extinguir las pasiones, causa de sufrimiento. Completando el "ofrece resistencia al mal"

(heroísmo activo del sufrimiento) y el "no ofrezcas resistencia al mal" (heroísmo pasivo del sufrimiento), postula: "no suprimas el mal, resiste al mal prescindiendo de la sed". Sacando el yo del nexo causal cree en la santa indiferencia.

18. La inhibición de los sentimientos y emociones anula partes del cerebro: su sistema límbico (cerebro emocional) no funciona por miedo. Algunos construyen voluntariamente neurosis paralizantes por temor a las consecuencias de sus posibles reacciones. Su lema es "preferiría no hacerlo", el regreso al seno materno.

19. La fidelidad a los propios sentimientos necesita (re)conocer sus miedos y sus causas más íntimas.

20. La carencia de empatía emocional pone la venda antes de que llegue la pedrada, y por eso se ataca antes de ser atacado. Inhibiendo la relación positiva por miedo a la absorción del tú se es infiel al tú. Metiendo la cabeza dentro del hoyo, únicamente somos fieles a nuestros miedos.

21. ¡Cuántas veces el miedo a nuestros enemigos interiores nos lleva proyectivamente a la infidelidad, cuyo colmo es la voluntad de destruir!

22. Las conductas controladoras se acuestan a la infidelidad.

23. El miedo al qué dirán, a que se enteren de algo indeseado, el cuchicheo, el *bulling*, la falta de libertad para manifestarse con claridad, generan desapego.

24. Las personas temerosas, angustiadas, irascibles y deprimidas recuperan su equilibrio interior cuando comienzan a regalar sin desear nada a cambio. La dádiva de sí mismo es el más potente antidepresivo. Si puedes curar, cura; si no puedes curar, calma y, si no puedes calmar, consuela.

25. Si la fidelidad se demora, se pudre. Quien anda arrastrando la cobija llega tarde a la fidelidad. Una justicia tardía es una injusticia.

26. Ser fiel es cosa de valientes, pero infiel de cobardes.

27. La fidelidad tiene un corazón pacificado.

28. Feliz aquel que en las cosas de este mundo no se ve obligado por los azares de la vida a poner a prueba la lealtad de sus prójimos.

29. No maquines mal alguno sobre el amigo que te es fiel, ni contra el que te es infiel.

30. La violencia que nos hacemos para permanecer fieles a cuanto no amamos apenas vale más que la infidelidad. Cuando se ama se es fiel sin esfuerzo, pero es una dura virtud cuando se convierte en deber.

31. Como todos los demás valores, la fidelidad es una construcción electiva: quien abandona sin más a su familia por la nueva pareja es tal vez fiel al amor, pero irresponsable con su vida anterior.

32. A veces se llevan mal el deber y el amor.

33. Quien añade fidelidad añade también lucha, cansancio, frente a la ley del mínimo esfuerzo. La fidelidad es la virtud de los fuertes.

34. La persona leal eleva su mirada con humildad, la desleal, la infiel, con soberbia.

35. Las anorexias desiderativas producen estragos en todo lo relativo a la fidelidad.

36. Somos fieles porque alguien nos fue fiel anteriormente.

37. A veces olvidamos que somos fieles porque alguien lo está siendo con nosotros.

38. La fidelidad enraíza en la memoria de la gratuidad.

39. A mayor amor, más fidelidad.

40. Presumir de fidelidad constituye la esencia de la infatuación.

41. El infiel no puede serlo, porque *serse* infiel implica permanencia, aunque sea permanencia en la infidelidad, fidelidad a la infidelidad.

42. Todos somos fiel a algo: a lo que somos, aunque seamos chupadores de picaportes.

43. Frecuentemente quien es infiel en lo pequeño lo es también en lo grande.

44. La profesión del infiel es la de cazamariposas: Dios los cría, ellos se juntan.

45. Si presumes de fidelidad serás infiel a ti mismo.

¿Qué pasa con el "humanismo cristiano" en la vida pública?

Compitiendo en el mercado de la relación calidad-precio, los centros católicos docentes reducen la enseñanza a una supuesta "calidad": la archiclásica Universidad Pontificia de Salamanca, por ejemplo, apenas sin alumnos de teología y de filosofía, aunque anegada en alumnos de informática, importante fuente de ingresos; también la elitista Universidad San Pablo (CEU), oficialmente reconocida como «de inspiración cristiana» (mera "expiración" y apostasía "razonable"), pero donde la religión se enseña vergonzantemente en condiciones de disimetría curricular, por ejemplo el Instituto Calasancio de Ciencias de la Educación (ICCE), de espaldas a la creación de profesionales católicos y entregado a las ortofonías, las logoterapias y los cuidados de carraspera. Eso sí, como atacados por el mal de piedra, remozan edificios vetustos, readaptan, reacondicionan, reciclan y rediseñan aulas conforme a las exigencias cada vez más voraces de una Administración insaciable, dan el pistoletazo, y, *hale hop*, a competir con los rivales en equipamiento, infraestructura, disciplina, estadísticas, todo sea por el santo prestigio y el buen nombre de nuestra gloriosa institución. ¡Ay, la cultura de la apariencia y su correspondiente banalización de las propias competencias, y cuán pobrecita dedicación a la escuela de la justicia!

Si la inspiración de los centros confesionales con ideario católico fuera real, profesión y vocación coincidirían. Pero, barrida esa inspiración por el dinero, los profesionales de las universidades católicas, que a diferencia de los de la pública carecen de poder y de reconocimiento, coinciden con sus colegas "públicos" en reducir la profesión a crematístico *modus vivendi*, desplazando la docencia hacia los bienes extrínsecos y, por un efecto perverso, el club universitario católico termina siendo un club elitista para la captación de amigos influyentes. En cambio, los "bienes propios" quedan marginados, extrínsecos: se ha abierto la veda de las éticas de los negocios con sus "códigos éticos" encuadernados con la piel de los pobres de la Tierra.

Aquí el famoso *humanismo cristiano*, sito en el terreno de las grandes palabras que combinan con todo, no es sino platonismo para ricos y descafeinado tomismo para perezosos. De los tres grandes ingredientes de la cultura europea, a saber, el *logos* griego, la *ágape* de evangélica radicalidad, y el *ius* de Roma, sólo esto último queda. En efecto, ciertas universidades españolas, mexicanas, paraguayas, brasileñas, y de otros países fundadas bajo el signo de la identidad cristiana, hoy no conservan de ella más que un vago recuerdo, y su ideario tiene mucho de bestiario; si no fuera porque así lo afirman las solemnes actas fundacionales, ni los más avispados reconocerían en ellas algo específicamente cristiano pues en sus cátedras pontifican profesores posmodernos, papás rabiosamente neoliberales, y todo cuanto de «mundo, demonio y carne» anda suelto. Ya que esas instituciones no han querido ir al desierto de la realidad con Cristo al fondo, ha venido a ellas el desierto de la exterioridad con Mammona como fondo.

No obstante, algunas de estas instituciones parecen desear volver a sus proyectos originarios, aunque temen ser tildadas de reaccionarias, pues su problema es que la reorganización o reorientación de la universidad según la identidad cristiana ahora redescubierta (más vale tarde que nunca) resulta incompatible con la permanencia en sus cátedras de los maestros agnósticos e indiferentes que en ellas sientan doctrina sin ninguna sensibilidad respecto del ideario fundacional, dándose la paradójica situación de que, para garantizar la permanencia y la libertad de tales docentes a los que en su día reclutaron sin exigirles ningún perfil específico, la institución misma ha de declinar el ejercicio de su propia línea programática. ¿Qué hacer, pues, con esas universidades que parecen haber apostado por una "refundación" hacia lo que ellas denominan *humanismo cristiano*? ¿Será el célebre humanismo cristiano así castrado lo que más necesiten esas instituciones fuertemente vinculadas a las clases altas, que por su parte han apostado dinero e influencias en favor de dichas instituciones? En tales maquiladoras de profesionales se licencian, masterizan y doctoran neotiburones liberales. ¿Qué han hecho esas universidades sino "tapar el ojo al macho"-, ponerle anteojeras para que actúe sin otro criterio de racionalidad que el de la extracción de plusvalía a cualquier precio, es decir para dorar la misma píldora de siempre? Cada vez que oigo la expresión *humanismo cristiano* me pregunto: ¿quién sacará primero el revólver? Esas instituciones, instaladas entre la apostasía y la gomina, pues para alcanzar la condición de herejes hubiera hecho falta mayor ambición intelectual, no saben que lo cristiano es irreductible a un mero adjetivo, a dar cursillos sobre cultura pija; tampoco saben que urge el diálogo. Pero del dicho al hecho va mucho trecho, de ahí la ambivalencia de su retórica que los hechos niegan: tus hechos te coronan, no tus palabras; cuando se disocian, he ahí el fariseísmo.

Las escuelas "católicas" están hipotecadas por un doble y pesado gravamen, el de obtener un currículum de excelencia y el de tener contentos a los papás: ¿no habrán reparado aún en los aterradores resultados estadísticos respecto al desafecto e incluso la hostilidad de muchos alumnos sin compromiso crístico? Nada ayudaría en defensa propia alegar que son precisamente esos mismos papás/mamás maledicentes respecto de los colegios de curas y monjas los que más suspiran luego en pro de una plaza para sus propios retoños en los centros que ellos mismos han denostado. Nada ayudaría eso en la propia defensa de los recusados, pues —retorciendo el argumento dentro de los límites permitidos por la lógica— tendríamos que reconocer el fracaso de los educadores permitiendo a papis/mamis burgueses para sus propios retoños una educación más burguesa que cristiana. Una dialéctica torticera podría llegar a deducir de estas palabras nuestro deseo de lograr el suspenso generalizado de sus hijos.

Pero la forma adecuada de corregir la situación tampoco sería la de practicar una herodiada, sino la de comprometer a los padres (vale más tarde que nunca: para madurar siempre hay tiempo) junto con sus hijos en orden a un compromiso mucho más extenso, profundo y liberador ante el rostro de la viuda, del huérfano y del extranjero, el cual no excluye, sino que incluye, el salto airoso por el aro de la selectividad al uso, aunque ella misma, o la prueba que venga a sustituirla mañana, esté desenfocada. De todos modos, algo tan sencillito de decir parece más difícil de hacer, a juzgar por el abandono fáctico de esta dimensión en los colegios confesantes, reducida al escuálido mantenimiento de una escuela de padres tan recortadita y apocada como lo está el deseo de cambiar la sociedad por parte de quienes mantienen su rescoldo.

Mínimos y máximos

En una democracia pluralista como aquella en la que convivimos los católicos con gentes de otros credos o sin credo conviene distinguir entre éticas de mínimos y éticas de máximos. Las *éticas de mínimos* o deontológicas porque se ocupan del *deón* (deber, norma), indagan qué requisitos mínimos deben ser universalmente cumplidos por todos, pues cuando tengo algo por justo no estoy expresando un sentimiento meramente subjetivo o grupal, sino que pretendo que lo tenga por justo cualquier ser racional que quiera pensar en condiciones de imparcialidad y universalidad válidas en todas las circunstancias, que se han ido concretando en los derechos humanos que la humanidad ha aprendido a través de la historia, a los cuales sería ya inmoral renunciar, y que por ende son transmitidos generacionalmente. Por su parte, las *éticas de máximos* son éticas de felicidad agatológicas referidas a la autorrealización personal. Cuando tengo algo por bueno y felicitante no puedo exigir ni imponer que cualquier ser racional también lo tenga por bueno, aunque desde esa opción subjetiva puedo aconsejar seguir su conducta. En consecuencia, se trata de éticas religiosas.

Mientras en una sociedad pluralista los ideales de felicidad pueden ser distintos, no sucede lo mismo con las convicciones de justicia. Cuando tenemos algo por justo, nos sentimos impelidos a intersubjetivarlo, a exigir que los demás también lo tengan por justo, pues existe una gran diferencia entre los juicios "esto es justo" y "esto me da subjetivamente felicidad".

¿Significa esto que en la ciudad democrática estén de más las éticas de máximos basadas en las religiones? No, pues desde cualquier religión o incluso desde la increencia, es posible asumir racionalmente una mínima ética cívica pública. El cristianismo no es una ética de mínimos de justicia, sino una religión de máximos de felicidad que juzga irrenunciables los mínimos de justicia y se alegra profundamente de que formen parte de la conciencia moral social de nuestro tiempo; pero tales mínimos no agotan el contenido de la religión cristiana, su viva y rica oferta. Es posible ser creyente y a la vez ciudadano; fe y razón son bueyes de una misma yunta, aunque con dos niveles distintos de exigencia, niveles autónomos, ninguno de los cuales puede pretender absorber al otro; por eso ni la religión puede suplantar a la moral civil, ni la moral civil puede pretender sustituir a las religiones; jamás una ética de mínimos puede pretender ser un equivalente funcional de la religión. Lo laico no entra en competencia con lo religioso, porque no intenta ofrecer una idea del hombre y de la historia desde la que iluminar la totalidad de la vida.

A su vez, en cada grupo puede existir algún tipo de magisterio reconocido, que tenga una especial autoridad dentro de él. Éste es el caso de gran parte de grupos religiosos. Dado que en una sociedad hay diversas esferas y dentro de cada una de ellas un tipo peculiar de organización, siempre que acepten el marco de conjunto, la existencia de magisterios internos a cada una de las esferas es perfectamente democrática. Atentan contra las posibilidades de convivencia tanto los que se empeñan en negar a las iglesias su derecho a expresar su opinión en materia moral, como quienes creen que sólo su propia iglesia está facultada para orientar moralmente y que el resto de iglesias y grupos sociales debería someterse a tales directrices. De lo antedicho no debe colegirse que las propuestas religiosas no sean racionales, ni que la razón humana nada tenga que ver con la felicidad, porque la razón humana es sentiente y el sentimiento racional, resultando inútil separar tajantemente lo justo y lo bueno. Esto no impide que haya dos tipos de racionalidad, la de lo universalmente exigible, y la de lo que puede proponerse con pleno sentido sin ser por ello exigible.

Sumar y no restar... detectar cuáles son nuestros valores comunes, aunque la experiencia cotidiana nos vaya enseñando que la honradez, la bondad, la responsabilidad, no son patrimonio exclusivo de nadie; más aún, la misma experiencia nos enseña que a veces quienes tienen otras creencias religiosas o ni siquiera las tienen nos dan lecciones de rectitud, compromiso ético, defensa de los valores humanos, etc.

Ahora bien, sociedad pluralista no quiere decir que no haya entre los ciudadanos nada en común, como si todo se resolviese en meras preferencias individuales, sino todo lo contrario: precisamente el pluralismo es posible en una sociedad cuando sus miembros, desde ideales distintos, manifiestan tener en común unos mínimos morales innegociables. Antes hacíamos referencia a estos valores compartidos: valor intocable de cada persona humana, dignidad, derechos humanos, libertad, igualdad, solidaridad y a que las grandes religiones de la humanidad han manifestado también un reconocimiento intersubjetivo de un mínimo moral común a toda la humanidad, compuesta por creyentes y por no creyentes.

Trabajando por una humanidad más profética

En el corazón mismo de esta civilización cansada, la tarea continúa siendo como siempre descubrir el valor divino de lo humano, el valor eterno de lo contingente humilde, como viera ese hombre de sensibilidad excepcional y mirada de altura, Antoine de Saint-Exupéry: «se muere por una catedral, no por piedras. Se muere por un pueblo, no por una multitud. Se muere por amor al Hombre, si es clave de bóveda de una Comunidad. Sólo se muere por aquello por lo que se puede vivir».

Va por vosotros, humildes almas matinales: «parece como si viviéramos en el claroscuro del alba. Trasnochadores y madrugadores se cruzan por las calles. Los primeros todavía con la víspera a cuestas, empeñados en prolongarla con una copa de más. Los segundos, estrenando una nueva fecha del calendario marchan al trabajo. Hay almas del ocaso, ensimismadas, melancólicas, negadoras, conservadoras y guardianas de un pasado que declina. Pero hay también almas matinales, solidarias, alegres que afirman y que arriesgan. Son primaveras de una vida que empieza y hay que reforzar para que pueda llegar el tiempo de la cosecha. Las almas del ocaso miran en torno y dicen: "¿Veis?, siguen las sombras. Puesto

109

que es esto lo que tenemos, plantemos nuestra tienda bajo las estrellas y gocemos a tope de la noche". Las almas matinales, en cambio, lanzan la mirada a lo lejos y dicen: "apunta el nuevo día. Que su luz nos llene las entrañas. Tomemos las herramientas y construyamos una central solar para que nadie pase frío en adelante". No os tengo ninguna simpatía, almas del ocaso. Sois pequeñoburgueses trepadores. Esperábamos algo de vosotros. El pueblo esperaba de vosotros, tenía derecho. Conocéis. Sabéis. Habéis estudiado. No os falta experiencia. Habéis aislado el virus que corrompe la sociedad enferma. No ignoráis su nombre y su estructura. Pero apostáis por los beneficios y despojos de un enfermo crónico. Os lamentáis del capitalismo y no queréis transformarlo. El socialismo os parece inmaduro, pero no intentáis perfeccionarlo. Preferís filosofar sobre las piezas sueltas del rompecabezas a componerlo. Estáis deslumbrados por haber descubierto que la razón sola no libera, olvidando que ya otros, hace tiempo, lo habían descubierto antes que vosotros; pero os cuidáis muy bien de apelar al corazón, la imaginación y la voluntad. Negáis los "dogmas", ¡faltaría más!, pero os habéis constituido en pontífices y predicadores del dogma único del fatalismo estéril. No creéis en el reino de los cielos ni en el de la tierra, pero sacáis el pasaporte para la bienaventuranza del sistema. Sois vulgares trasnochadores que a las cinco de la mañana andáis todavía cavilando dónde echar vuestra penúltima copa. Entretanto van abriéndose las puertas de las casas y los obreros del nuevo día, madrugadores, marchan al trabajo. Yo os bendigo, pregoneros del alba. Sois pocos todavía, pero vuestros pasos tempraneros penetran en los sentidos adormilados e inquietan el sopor del mundo entero. Vuestro caminar es hermoso, elegante y ágil. Dicen que no seguís las reglas ni marcáis los pasos como es debido. Pero yo os digo: mañana todos aceptarán que el espíritu estaba orquestando una música nueva; que vuestro ritmo es distinto y mejor. No os importa cuántas sean las flores, sino la estación que anuncian. Por eso os sacudís el invierno y os aprestáis a aprovechar la primavera con ropa liviana y energía renovada. Vuestra imaginación es geométrica y vuestra razón, entrañable. No os cuadra que os llamen soñadores. Ni tampoco fríos calculadores. Armonizáis la poesía y el número, el gozo y el esfuerzo, el acero y el beso. No os escapáis hacia un mañana incierto. No huis del presente, al contrario, vivís tan densa y creadoramente el presente, os entregáis a él con tanto amor y pasión, que lo preñáis de futuro, de un mañana mucho más ancho y luminoso. Benditos vosotros, que rebuscáis por los desechos y las basuras y recogéis lo que otros tiran. Hacéis recuento de las derrotas pasadas del pueblo. No os lamentáis por ellas, sino que rescatáis, ponéis en un jarrón y mimáis las flores ajadas que los Atilas aplastaron. Vuestros nombres no suelen figurar en los ecos de sociedad. Pero sin vosotros la sociedad sólo serían ellos. Nos permitís al menos sentir que somos y existimos. Que su verdad no es toda la verdad. Que su mundo no es todo el mundo"[30].

Almas matinales, proféticas, venid a nosotros con vuestra gran metafísica de las cosas humildes, perseverad porque *per/se/verar* es algo verdadero de por sí cuando se quiere el bien.

---

[30] Mújika, G *Panfleto contra el alma desencantada y elogio del alma matinal.* In Noticias Obreras, junio 1989, pp. 490-491.

Solitarismos sapienciales

Por definición, cuando más me siento en soledad es cuando menos existo en realidad.

Por reduplicación, cuando me siento en grosera soledad ni siquiera me siento.

Por contraposición, quien más solo está es quien menos existe.

Por relacionalidad, la soledad es cosa de dos: entonces, uno de ellos o ambos andan perdidos y demediados sin el otro.

Por convicción, no puedo afirmar que de mis soledades voy y a mis soledades vengo, ya que —sin ninguna relación con nadie— nadie es nadie, ni siquiera la soledad.

Por derivación, cuando me siento en soledad es porque estoy en mala compañía, a saber, la mala compañía de no tener compañía, ni buena ni mala.

Por petulancia, el hombre que dice "estoy solo" es el mismo que dice "sólo sé que no sé nada": lo primero es demasiado yo quejándose de la poquedad de su yo, lo segundo demasiada sabiduría lamentándose de su poca sabiduría. Dos formas de una misma inmodestia.

Por naufragio, el solitario ofrece su mano demasiado rápidamente al primero que llega.

Por desesperación, el solitario ahoga la mano salvadora que pretendía rescatarle.

Por memez, no pocos narcisistas afamados aseguran que la soledad es la gran talladora del espíritu. Pobre talla y pobre talle.

Por higiene, la mancha de la soledad, no siendo la mancha de la mora, no se quita con otra soledad más grande y profunda.

Por desgracia, demasiadas sociedades no pasan de ser colectivos apanicados por el miedo a la soledad personal. Allí casi todos son casi nadie.

Por extensión, demasiadas intimidades no pasan de ser refugios mórbidos por desconfianza de la comunión interpersonal. ¡Cuánto miedo!

Por constitución, cien años de soledad no hay mente que los aguante ni cuerpo que los resista, aunque sí autor que los escriba y describa.

Dudo que pueda alcanzar la máxima soledad posible quien no se interese por la máxima compañía posible, por igual motivo dudo que pueda alcanzar la máxima compañía posible quien no se interese por la máxima soledad posible.

La soledad es también un problema deportivo: o te pasas o no llegas, y en consecuencia una manifestación rigurosa de la insuficiencia y limitación de los espíritus, incluso de los más arriesgados.

Sólo el máximo ser —el único Dios— sería al mismo tiempo el máximo solitario, el único solitario. Aquí hablaríamos ya de una soledad cuya sola mención excede de los límites de la mera razón humana. Posible raíz del misterio de Dios en la coincidencia de los opuestos. Quién sabe.

De la soledad no cabe afirmar que cuando ella está yo no estoy, ni lo contrario. Lo malo de la soledad es que ella está para quien no está, e incluso también para quien no está del todo. Demasiados celulares.

La muerte conllevaría la muerte de la soledad, pero no su solución, sino su agravación por desesperanza.

La muerte no sería la solución si en ella no hubiera algún tipo de vida; tampoco la vida evitaría la soledad si en ella no reconociésemos la presencia en ella de un poco de muerte.

La máxima muerte coincidiría con la máxima soledad, esto es, con el desgarro, la oclusión y el destierro.

Tú me matas cuando me desgarras y abandonas ocluyendo nuestra relación interpersonal. Yo te mato cuando te desgarro y abandono ocluyendo nuestra relación interpersonal.

¿Y qué pasa cuando tú a mí y yo a ti nos hacemos sentirnos más solos?

Dos soledades unidas por una mano: mano a mano con la soledad.

Una soledad más otra soledad no hacen soledad común. Una mala compañía más otra mala compañía no hacen compañía alguna. Ni solo, ni mal acompañado.

Hay que hacerse una sana soledad para lograr una sana compañía. Dependencias no, gracias.

Existe una soledad preconvencional que incapacita para decir tú; otra soledad convencional que sólo capacita para el compadreo utilitario; finalmente una soledad posconvencional que socializando la soledad socializa la comunidad y es fuente de grandes amistades.

Toma tu tiempo para tu soledad de altura. Esta es la razón por la cual el secreto de una buena vejez es un pacto honrado con la soledad honrada, no con cualquier soledad erizada, es decir, a la defensiva y con púas.

Yo lucho contra la tentación de esa soledad desesperada que absorbe mi alma sana y la degrada generando un monstruo verde y viscoso que ya sólo sabe despreciar. Y lo siento.

De la innecesaria negación de maldad a la inevitable libertad responsable

.1. *Maldad* es la forma de ser propia del *yo malo*. Del humano *querer* en *libertad* surge el mal, lo malo, la maldad. El mal no es una abstracción perdida por los intersticios cósmicos, sino el resultado de la *acción del malvado*. Siendo así, el *yo* no es una simple forma de ser, sino una forma de *actuar* que libre y voluntariamente hace que la realidad querida sea. Voluntad y libertad disoperadora, es la persona la que malea, maleficia y hace el mal.

Derivadamente las posiciones maniqueas son falsas, por partir del supuesto de que la realidad fue creada buena y mala sin la libre voluntad.

2. El humano es relacional, y la maldad es cosa de quien la hace y de quien la padece. Hasta que alguien no la padece, no hay *acción* mala. El mal no puede ser enjuiciado unilateralmente desde la simple perspectiva del yo maleante, sino también y al mismo tiempo del yo maleado. No hay Caín sin Abel, pero el golpe se recibe al modo de quien lo recibe. La pretendida autoconciencia desventurada del maleficiante sin transitividad sobre la víctima no pasa de ser una

enfatuación del yo inflado que se desentiende de su *tú* victimado para centrarse en el *yo* victimador.

3. Cuando la mano del adulto golpea brutalmente la cabeza del niño indefenso, el nihilista sólo ve un cuerpo en movimiento que se desplaza e incide sobre un cuerpo en reposo con resultado de daño físico. Según él habría que acallar la protesta moral, el sentimiento de indignación y el propósito de enmienda, pues solo los hechos físicos cuentan. Semejante tesis caracteriza al idiota moral, al embotado psicópata.

4. El *no somos mejores ni peores que nadie* es una hipótesis metafísica indiscernible conceptualmente.

5. *En el marco jurídico* no cabe penalidad moral neutra. Cualquier convivencia fracasaría en una sociedad sin premios y castigos razonables. Renunciar a premiar al bueno y a castigar al malo obligaría a reinstaurarlos, pues la injusticia clama por la justicia y termina reintroduciéndola. Si los buenos fuesen castigados y los réprobos honorados, las gentes elevarían hasta el cielo su clamor, pues la ausencia de *bien debido* revelaría lo intolerable de una hipotética victoria caótica del mal sobre el bien.

Si endosáramos la aplicación del principio de misericordia universal a un ser suprahumano o divino situado fuera del mundo, eso debería ser calificado de *buena* noticia, porque habrían prevalecido definitivamente las amorosas leyes del cielo sobre las execrables de la tierra.

6. Alegar que no sabemos qué nos lleva al mal, y que por lo tanto nadie es malo confunde el orden del conocer con el orden del ser. La ignorancia tampoco es argumento. Ciertos saberes antes tomados por buenos pueden llegar a ser después reputados como delitos de lesa humanidad. Para saber que no sabemos hay que saber mucho; Sócrates pecaba de inmodestia al afirmar que sólo sabía que no sabía nada, pues sabía que por lo menos había que poner en cuestión ciertas vigencias malas

de su época. Sócrates supo mal lo que defendía creyendo saberlo, por ejemplo, que *sólo el ignorante se equivoca* valida lo que pretende invalidar: Sócrates dista de la sabiduría necesaria para defender a los sabios; nadie es sabelotodo. Los tabaquistas que tragan cajetillas enteras sabiendo que fumar mata no son analfabetos. A Sócrates le faltaba sentido del humor; cada vez que yo oigo a Wagner me entran ganas de invadir Polonia. En suma, pretender que *quien hace el mal se equivoca* no tiene en cuenta que a veces se ve lo mejor y se aprueba, pero se hace lo peor. En cualquier Sócrates hay un *Cacácrates* que la caga con fuerza.

7. Ni siquiera el conocimiento científico es absoluto. La ciencia no gana sus batallas *a priori*, sino a *posteriori*, lo que la lleva a ser mucho más modesta. No habrá un *mañana científico* sin mezcla de creencia o presupuesto metacientífico alguno, si es que ese mañana no termina antes de lo previsto entre otras cosas también por culpa de la soberbia de la ciencia. Permitir que el electricista que construye la silla eléctrica decida sobre la legitimidad de la pena de muerte por electrocución sería tan ridículo como dejar para el juicio *científico* la polémica sobre el sexo de los ángeles. Tampoco la veracidad del juicio moral resulta de los juicios físicos, pues de naturalezas deficientes o quebradizas pueden salir comportamientos heroicos, en tanto que de las *biológicamente superiores* puede suceder lo contrario.

8. La afirmación *nadie es malo* ni puede ser derivada de un análisis racional, ni demostrada por deducción, ni por inducción empírica (para ser validada alguien debería haber conocido a todos en el pasado, en el presente y en el futuro), ni sostenida por experiencia propia, pues el *principio de iniquidad* ha dejado su huella devastadora en todas las culturas de las que hasta hoy tenemos noticia. En consecuencia, la afirmación *nadie es malo* tendría tan nulo valor epistemológico como su contraria, *nadie es bueno*. Y lo mismo vale para el *todos son malísimos* y para el *todos son buenísimos*. La complejidad

extrema del uso de la razón moral es al propio tiempo discursiva y cálida. No existe una razón fría cual sede de una ética demostrada geométricamente, nada hay menos geométrico que la opción por el bien o por el mal.

9. Sin las nociones de bueno ni de malo se pierde su condición personal, pues no se trata de que la persona *pueda* o no ser buena o mala, es que *tiene que* serlo por razones de intrínseca inteligibilidad, es decir, para comprenderse a sí misma como tal persona.

10. Quien carece de quicio moral carece de la posibilidad de su correspondiente ejercitación *en libertad*.

11. Carecería de sentido luchar contra el mal si se negara la libre responsabilidad.

12. Aseverar que *la persona solamente se abre a la libertad cuando cree en Dios* resulta fundamentalista, pues no solamente deja fuera del horizonte discursivo a los del campo contrario, sino que también invade con la *razón* un terreno *razonable*. Además ¿cómo podría Dios rescatar para la vida eterna a los impíos que dicen en su corazón: no existe Dios? En lo referente a los *atributos operativos de Dios*, ¿para qué habría querido el Creador creaturas esclavas? Ante un hombre sin libertad ni responsabilidad de su vida, condenado a salvarse ¿qué antropo/teodicea sería posible, cómo justificar a Dios y al hombre en su recíproca relación? En definitiva, ¿no sería más respetuosa una teología negativa, del silencio, que una ateología? Sólo Dios conoce lo que necesitamos antes de que se lo pidamos, incluso cuando nos volvemos berrinchudos y no creamos en él.

13. Sin la libre responsabilidad moral carece de sentido cualquier lamentación, tristeza, y desesperación. Ni cabe culpabilizar al horóscopo, pues los astros no son responsables de nuestra vida, y sólo cabría aguantar el tirón sin esperanza ni miedo haciendo un hueco para desgranar el rosario interminable de ayes y lamentos. Quien desconecta el *es* y el

debe no tiene otro remedio que seguir siendo quien es aunque no deba. Los esclavos, ¿cómo querrían, cómo podrían, cómo sabrían, cómo esperarían, cómo harían el cambio?

14. Hay que cerrar las cuestiones pendientes en cada *Gestalt* de nuestra existencia. Las heridas abiertas abren nuevas heridas. Las biografías *ascendentes* saben taponar las heridas abiertas y las *descendentes* son incapaces de pasar página. Las primeras son *emocionalmente inteligentes*, las segundas no.

15. El humano *no es indiferente al bien y al mal*. Son *más humanizadoras* aquellas existencias que se sitúan dentro del orden del amor, presencia de bien. Nada es bueno ni malo sin el *libre reconocimiento* de alguien. Quien está hecho para amar está hecho también para poder no amar. Amar por obligación anula la posibilidad misma de amar. Comparten determinismo el *hemos nacido para amar* y el *hemos nacido para odiar*.

16. Ni siquiera el *anhelo de lo totalmente otro* podría enarbolarse como bandera si lo totalmente otro fuese lo contrario de lo aquí y ahora.

17. También hablar de *sentido de la historia* carecería de sentido pues *sentido* y *sinsentido* exigen una intencionalidad personal libre.

18. Las escenificaciones zénicas, que hacen equivalentes los reinos mineral, vegetal y animal, con su correspondiente intercambio de premios y castigos, atribuyen la misma responsabilidad a una piedra, que a un humano. Pero, aunque la persona tenga dimensiones minerales, los minerales no tienen las personales. La *reencarnación* tomada como causa y fundamento de premios y castigos morales no puede ser *episteme*.

19. El aserto *aquí nadie se salva solo, aquí nadie se condena solo* ignora que al hitleriano no le gustaría morar junto al judío ni en el cielo ni en la Tierra. Salvarse o condenarse rebañegamente, además de injusto, resulta incomprensible.

20. Quien proclama que *la libertad genera hábitos de amor* sabe que también *la libertad genera hábitos de odio*. La libertad es condición previa a todo hábito o entrenamiento en el bien o en el mal. A ese *apriori* de la razón moral le llamamos *libertad*. Donde lo libre brilla por su ausencia, brilla por su presencia lo malo.

21. El danés/noruego Aksel Sandemose resumió en la *ley de Jante* las normas vigentes en su ciudad natal; 1. No debes pensar que el *tú* es especial. 2. No debes pensar que el *tú* es tan bueno como el *nosotros*. 3. No debes pensar que el *tú* es mejor que el *nosotros*. 4. No debes pensar que el *tú* sabe más que el *nosotros*.5. No debes pensar que el *tú* es más importante que el *nosotros*. 6. No debes pensar que eres bueno en nada. 7. No te rías de *nosotros*. 8. No debes pensar que los demás se preocupan por ti. 9. No debes pensar que *tú* puedes enseñar algo a *nosotros*. 10. ¿Acaso crees que no sabemos nada sobre ti? Esta ley impregnó las culturas danesa, noruega, sueca y finesa, países en los que se desaprueba que una persona se considere mejor o más inteligente que las demás. A quienes violan esta norma no escrita se les mira con hostilidad en Yorkshire, noreste de Gran Bretaña, con frases como *¿quién se ha creído que es?*[31]

22. Según los trágicos áticos, *sólo se aprende mediante el sufrimiento*, primera fuente de conocimiento (*páthos-máthos*)[32]. Ahora bien, ningún sufrimiento aprovecha al desesperado. Por eso afirmaban que en el primer infierno el dolor inmenso del universo no es tan insoportable como se ha descrito: la *Shoah* son pliegues en una tela que pronto volverá a recuperar su lisura, y el dolor del mundo sólo asustaría a timoratos. Es la tentación de los amigos de Job: disolver el mal en su mera apariencia. Una vez convencidos de que el mal no resulta tan

---

[31] En su novela *En flygtning krydser sit spor* (*Un refugiado sobre sus límites*, 1933)
[32] Versículos 176-178 del *Agamenón* de Esquilo.

fiero como lo pintan se propicia un segundo error, pues unas falsedades llaman a otras, y quien acepta una doctrina equivocada se compromete inconscientemente con todas aquellas posiciones que de ella se siguen. El segundo paso consiste en entregarse al *indiferentismo moral* contra el deber absoluto de evitar el dolor de las criaturas. La naturalización del mal como un proceso más del mundo convierte las normas y los valores éticos en meras descripciones de estados de conciencia y de vigencias sociales. No exigiendo renuncia al egoísmo, como mucho aconsejan mantenerlo en secreto y disimularlo. Tras la relativización del carácter transitorio del sufrimiento, con el indiferentismo moral como secuela, el último paso adquiere unos tintes muy lejanos a la imagen del condenado al *Inferno* de Dante. La desesperación adquiere el tono del conformismo, incluso entusiasta, teñido con la idea de *estar de vuelta*. En esta situación domina la *tristeza*. La religión sería la espera de lo inesperable, aunque la necesidad de la función no apruebe por sí sola la existencia del órgano correspondiente. Ella aportaría un asidero contra el abismo de la desesperanza frente al indiferentismo moral que brota de la minusvaloración del sufrimiento. Imposible salvar un sentido incondicionado sin Dios, la moral descansa en la teología. Las normas incondicionadas tienen que reposar en algo trascendente. Por eso todo pensamiento que no se decapita desemboca en la trascendencia. Esto no constituye un argumento probatorio para demostrar la existencia de Dios a partir de la moralidad, pues la esperanza de que la injusticia no tenga la última palabra, convierte en anhelo de que el asesino no triunfe sobre la víctima inocente[33].

[33] García Norro, J-J: *La escuela de Francfort y la religión.* Editorial Diálogo Filosófico, Madrid, 2016, pp. 226-232.

Espiritualidad y religión

Aun conservando aspectos comunes con la mística cristiana, ambas distan mucho de poder trasvasar sin más sus respectivos métodos de oración, pues no existe técnica espiritual neutra sin contenidos. El cristianismo es una religión profética personalista y comunitaria, y el budismo es transpersonal, ahistórica. La cristiana es una mística de encuentro. En el itinerario místico, desde la simple oración vocal hasta los grados más altos de la contemplación, se va perfeccionando la unión con Dios, pero nunca se esfuman las categorías personales. Siempre queda la relación tú-yo expresada en diversas metáforas, como la de esposo-esposa, padre-hijo, amigo, hermano. En el budismo, al contrario, existe un tono impersonal. No es una mística de encuentro, sino de vacío, de impermanencia *(anatta)*. Los maestros budistas insisten en que, no siendo el budismo una religión revelada, la meditación no tiene como fin la búsqueda de un Dios ni la unión con una persona absoluta. Por esta razón abandonaron la antigua idea del *vedanta*, que situaba la unión con Brahmán como término de la meditación, y la del *yogasutra*, que introducía la figura de Isvara, el dios funcional regulador de interior y exterior. Los budistas insisten en que su meditación no va en busca de alguien, ni su mística es de comunión, sino de cesación de todo. En ciertas escuelas del *mahayana*, como en la *tendai*, se pretende llegar por medio de la meditación a una reintegración en la naturaleza de Buda, que aparece como una naturaleza cósmica. En el *zen* se busca la mente no surgida. En su meditación, el budista intenta dejar todo y encontrar la nada, el vacío. Un esfuerzo metodológico sólo en apariencia semejante al del contemplativo cristiano, que renuncia a todo buscando la nada, pero en función de un encuentro con Alguien-Dios, que lo será todo. El zen habla en concreto del *muga* (no-yo), entendiendo el yo como una de las causas de las ilusiones, lo que exige buscar la disolución de su idea.

El contemplativo cristiano, porque busca una comunión, nunca pierde su yo, aunque lo modifique para identificarlo con Otro que es a la vez Éste, el Cristo. La meditación cristiana rehúye ˙ vaciar artificialmente la conciencia, el no-pensar en nada; desde el silencio del alma se da una extraversión hacia el Misterio, que no es el vacío. La interiorización budista alcanza las profundidades más oscuras y silenciosas del alma; quizás allí encuentra una luz, pero no es una luz personal. Esta iluminación se puede explicar desde un punto de vista psicológico o sapiencial. Al *enstasis* budista añade la meditación cristiana el *éxtasis,* salir de sí para unirse a Dios.

Una de las notas peculiares de la meditación cristiana es la pasividad radical; ningún avance se debe a nuestras fuerzas, sino a la gracia de Dios operante. Sin la gracia no existe meditación, la cual no se puede reducir a un puro mecanismo sicológico. De aquí la actitud de humildad que acompaña al cristiano en su meditación. Humildad, gracia, insuficiencia faltan en la meditación budista. El yoga original es pelagianismo; la gracia queda excluida; el budismo es un pelagianismo instintivo. Buda exhorta a los monjes a ser

126

lámpara para ellos mismos, no buscar la luz en otros; el camino budista se recorre por el propio esfuerzo.

Por último, la sabiduría denota el estado perfecto que alcanza el monje budista como fruto de su meditación; es un conocimiento intuitivo que ve las cosas como son. Para el cristiano la gnosis sin la caridad sobrenatural es algo vacío. En la descripción que hace san Juan de la Cruz de la contemplación cristiana encontramos resumidas las notas que faltan en la meditación budista. La contemplación es ciencia de amor, la cual es noticia infusa de Dios amorosa, que juntamente va ilustrando y enamorando el alma hasta elevarla de grado en grado hasta su Creador.

Desafortunadamente, en la teología el estudio de la relación fe-razón se han desplomado. Aunque las grandes religiones siguen vigentes, se observa una fatiga institucional que tiende a ser sustituida por movimientos religiosos más desestructurados, aunque las religiones no se dan sin sus correspondientes místicas (contraponer mística y religión es ignorancia de la cuestión). A su vez, por lo general la *desmistificación* secularizadora sigue a la *desinstitucionalización,* y a ésta una *desmitificación.*

Las religiones se traducen en dogmas y en orto/doxias[34], que con el tiempo corren el riesgo de volverse sectarias. Ahora bien, si las religiones suelen enfrentar a las Iglesias entre sí (pensemos en las *guerras de religión* entre Iglesias, y sin llegar tan lejos en los *cismas* dentro de ellas), las místicas son más autopoyéticas, van más "por libre" y dan más la espalda a las ortodoxias. Las místicas son por naturaleza cismáticas y heréticas (de *aïresis*, elección individual) u hetero/doxas. La religión es comunitaria y cohesiva, la mística es más subjetiva, aunque no debamos tensar los extremos de la misma cuerda hasta romperlos.

---

[34] El término *doxa* es ambivalente. Entre los filósofos significa *opinión subjetiva,* entre los teólogos *gloria, resplandor, santidad.*

Desde hace algunas décadas viene potenciándose un *diálogo interreligioso* entre las iglesias clásicas; sin embargo la unidad de las iglesias no se desea a fondo, y ello no sólo por motivos teológicos y filosóficos válidos, sino también por cuestiones de poder entre quienes exhiben la cruz pectoral sin a veces conocer la cruz real, igual que los militares lo hacen con medallas de las batallas en que nunca participaron. Seamos sinceros: ¿quién renuncia a regentar una secretaría general? Dos bancos se fusionan gustosamente para obtener mayores ganancias, pero Dios no es bien venido a los conciliábulos eclesiásticos. Una Iglesia puede ser santa por su fundador, pero estar llena de serrín y de estiércol en la bancada de sus adherentes. En todo caso, los diálogos ecuménicos light, para el domingo con te y pastas, diplomáticos, pánfilos, narcisistas, hipócritas, son una especie de karaoke donde casi todos impostan la voz afónica, pero quien canta es la máquina, una ventriloquia mal disimulada donde se oye el carraspeo del hierofante.

En nuestra opinión, al menos se puede y se debe distinguir entre *iglesias verdaderas y verdaderas iglesias*. La iglesia no maligna no puede ir contra la conciencia libre de las personas. Nada de cuanto inhumaniza o mata es Iglesia; nada atentatorio contra la dignidad de la persona es religioso. Una *iglesia verdadera* lo es para quien se adhiera a ella por considerarla subjetivamente verdadera, ya que adherirse a una iglesia reputada falsa carece de todo sentido. Ahora bien, quien ingresa con sus pies embarrados en una iglesia a la que considera verdadera debería tener la delicadeza de limpiarse antes los propios zapatos en el felpudo. Aunque no sea imprescindible ser creyente para ser humano, aunque sí haya que ser humano para ser creyente, sin que por eso pretenda yo insinuar que resulta indiferente u ocioso ser creyente o no serlo. Si Dios fuera un florero no sería Dios; si yo fuera una flor del florero de Dios, no sería siquiera persona,

La religión se vive de modo distinto por santos, por locos, o por mediocres y por la especificidad de cada religión. El islam hace luchadores sociopolíticos contra *infieles*; el budismo, fugitivos de este mundo; el cristianismo es indisociable del sufrimiento de la cruz, aunque no postula el masoquismo; el hinduismo tiene una deidad de rostro proteico y henoteísta compatible con un monoteísmo alternativo. El budismo carece de rostro, es anicónico; el judaísmo tiene un rostro radiante, pero invisible; el cristianismo a la vez un rostro anicónico en el Padre, un rostro diacónico (servicial) en el Hijo, y un rostro diaicónico (trasversal) en el Espíritu.

Situar el espíritu en las nubes es una sátira. Quienes se dicen dueños del espíritu creen que Dios va a vivirles la vida eterna que ellos rechazaron en la vida contingente: «Los ángeles me comunicaron que, cuando falleció Melanchton, le fue suministrada en el otro mundo una casa ilusoriamente igual a la que había tenido en la tierra (a todos los recién venidos a la eternidad les sucede lo mismo y por eso creen que no han muerto). Los objetos domésticos eran iguales: la mesa, el escritorio con sus cajones, la biblioteca. En cuanto Melanchton se despertó en ese domicilio, reanudó sus tareas literarias como si no fuese un cadáver y escribió durante unos días sobre la justificación por la fe. Conforme a su costumbre, no dijo una palabra sobre la caridad. Los ángeles notaron esa omisión y mandaron personas a interrogarlo. Melanchton les dijo: "he demostrado irrefutablemente que el alma puede prescindir de la caridad y que para ingresar en el cielo basta la fe". Estas cosas les decía con soberbia y sin saber que ya estaba muerto y que su lugar no era el cielo. Cuando los ángeles oyeron ese discurso lo abandonaron. Las últimas noticias dicen que ahora es como un sirviente de los demonios»[35]. Me pregunto si seguirá creyendo que está vivo.

Dicho sea esto a sabiendas de que no es necesario ser creyente para ser humano, aunque sí haya que ser humano para ser creyente, ni resulte ocioso ser creyente o no serlo. Si Dios es un florero no es Dios. Ser florero del florero de Dios no es religión.

---

[35] Borges, J-L: *Un teólogo en la muerte*. Ed. RBA, Barcelona, 2005, pp. 337-338.

Psicología y religión.
Diversos reduccionismos

¿Por qué y para qué he sido traído al mundo?, ¿por qué la muerte me saca de él sin mi permiso?, ¿qué dignidad tendría yo si no fuese más que un fruto del azar?, ¿tendrá sentido mi vida entre su orto y su ocaso en esas condiciones?, ¿habrá un más allá?, ¿y si lo hay tendrá relación con el más acá?, ¿existe un ser supremo creador del mundo?, ¿cómo podría crearse algo desde una causa incausada? La pregunta es la piedad del pensamiento, y se han dado múltiples respuestas.

Reduccionismo antropológico. Para Lucrecio el hecho religioso surgiría del temor a los fenómenos naturales violentos, incluyendo el miedo a la muerte. Según Jenófanes la religión sería una proyección de lo humano convertido en divino. También Evemero consideraba a los dioses como una divinización de los héroes, y Feuerbach a Dios como la elevación infinitizada de todas las virtudes humanas. *El epicureísmo* defendió que el temor hace los dioses, y que la muerte no importa, porque cuando ella llega yo ya no estoy, y cuando yo estoy ella no está. Excluidos lo divino y la muerte de un solo plumazo, el humano podría dedicarse a la sabiduría, al placer y a la amistad. Preguntado Epicteto en qué consistía la buenaventura, respondió que en dormir, pues cuando dormimos no nos estimulan los movimientos de la carne, no nos persiguen los enemigos, no nos importunan los amigos.

Reduccionismo sociológico. Para Auguste Comte la religión sería el estadio infantil de la evolución humana, luego metafísica juvenil, y en la madurez atea. Para Marx la religión es opio adormecedor y consolador para el proletariado ofreciéndole un paraíso celeste en otra vida a cambio de aguante y sumisión en la presente. Émile Durkheim defendió en *Las formas elementales de la vida religiosa* que «la religión no es sino la manifestación de la actividad humana», resaltando los aspectos en que la religión servía para asegurar la cohesión social. Para Bakunin la necesidad compulsiva de encontrar un amo.

Reduccionismo racionalista. La religión debería, al decir de Kant mantenerse dentro de *los límites de la mera razón* (como una gnosis), como filosofía pía (Marsilio Ficino), como amor intelectual (Spinoza), o como espíritu (Hegel). *Razón y revelación* coincidirían. Para Hume algo indemostrable racionalmente, por lo que la actitud adecuada al respecto debería ser el agnosticismo.

Max Müller (1832-1900) adoptó en su *Mitología comparada* el *nihil est in fide quod prius non fuerit in sensibus,* nada hay en la fe que no hubiera estado antes en los sentidos; las religiones partieron de cualidades sensibles tardíamente transformadas en paronimias y homonimias en todas las lenguas para referirse a lo divino. Primero sería el cielo como lugar brillante; luego, dicho brillo infinitizado. *Nomina, numina,* los mitos serían *enfermedades del lenguaje.* En todo caso, Müller no explica por qué lo infinito nace de las palabras: ¿no serán ellas teóforas?

Edward Burnett Tylor defendió en su *Cultura primitiva* (1871) que los primitivos experimentaron en sueños, en trances extáticos y en la muerte la presencia de almas (*animismo*). Luego situaron todas esas vivencias en los muertos dividiéndolos en espíritus benéficos y maléficos, que finalmente veneraron y jerarquizaron.

J-G Frazer no llegó a conocer que antes de eso ya había existido la creencia en un ser supremo anterior a todo. En su voluminosa *La rama dorada* asume los tres estadios comtianos, magia, religión y ciencia, lo que le valió la crítica de Wittgenstein, por entonces ya liberado de su etapa dogmática.

Reduccionismo pragmático. "Si tú trabajas por los demás será porque te gusta. Yo también lo hago porque me gusta. Luego los dos trabajamos de forma *autotélica, egoísta*". Pero, si en última instancia toda acción es forzosamente autorrelativa (evidentemente, lo que yo hago lo hago yo), no necesariamente ha de ser egoísta (pues yo puedo hacerlo *para ti*). Nada se dice de la muerte, de la trascendencia, de la esperanza, etc. La ciencia lleva mucho tiempo intentando reducir a los hombres a organismos inorgánicos sometidos a las leyes físicas, biológicas, sociales, psíquicas, aniquilando la esperanza de vida después de la muerte. Por si fuera poco, se ha difundido la vida eterna con una imagen popular escasamente atractiva: los bienaventurados, sentados en nubes, con túnicas blancas, tocando el arpa y haciendo pipí desde las nubes. La antropología personalista tiene hoy pocos novios, pero muchos padrinos, ya que hasta sus acérrimos antagonistas enaltecen retóricamente las libertades y los derechos humanos.

Reduccionismo psicologista. Existen disfunciones psíquicas de origen genético, según la *neuroteología*. Pensemos en las diversas formas de personalidades esquizofrénicas y en las que padecen trastornos de personalidad opuestos al pensamiento lógico-discursivo. En *El porvenir de una ilusión* (1927) presenta Freud a la religión como un mecanismo de defensa: el humano personificó las fuerzas naturales y las elevó a la categoría de fuerzas protectoras que le ayudan a sobrellevar su sentimiento de impotencia. El niño traslada a su padre el modelo de personaje protector durante su primera infancia Poco a poco tampoco los adultos pueden asegurarle una protección completa frente al mundo con la creencia en dioses, que al mismo tiempo que temidos, son protectores. Siguiendo a Darwin, el padre de la horda es un déspota absoluto al mismo tiempo adorado y aborrecido por sus miembros debido a su derecho a la posesión de todas las mujeres de la horda, pero el odio y los celos llevan a los integrantes a asesinar colectivamente a ese padre *protector-tiránico*. Con el tiempo se organizan ceremonias y comidas colectivas para conmemorar el asesinato místico en añoranza del padre asesinado, y el sentimiento de culpa colectivo de la humanidad toma la forma de *pecado original*. En resumen, la religión genera *neurosis obsesivas*[36], afecciones del yo no plenamente desarrollado que fracasan en las tareas que acomete, y por eso mismo culpabilizado y remordido[37].

---

[36] Cfr. *Totem y Tabú*, 1913; *Moisés y la religión monoteísta*, 1939.

[37] «¿Por qué tienen suerte los malos,/ y son felices todos los felones?/ Los plantas, y en seguida arraigan,/ van a más, y dan fruto./ Llévatelos como ovejas al matadero,/ y conságralos para el día de la matanza» (*Jer* 12,1-3). «¿Hasta cuándo los impíos, Yahvé,/ hasta cuándo triunfantes los impíos?/ Cacarean, dicen insolencias,/ se pavonean todos los agentes del mal./ Matan al forastero y a la viuda,/ asesinan a los huérfanos./ Y dicen: "No lo ve Yahvé,/ el Dios de Jacob no se da cuenta". /¡Comprended, insensatos!/ El que plantó la oreja ¿no va a oír?/ el que formó los ojos ¿no va a ver?/ El que corrige a las naciones ¿no ha de castigar?» (*Salmo 94*). Para que los virtuosos sean premiados y los viciosos castigados *tiene que existir* un Dios, pues los interesados en leyes de virtud (quienes se han esforzado por ser buenos) se merecen ese Juez justo. Dios es el conector imprescindible entre virtud practicada y felicidad merecida. Es racional afirmar que Dios exista, pero no basta con ser racionales. Es preciso estar interesado en la virtud y comprometido con ella. No sólo Dios existe, sino que también yo quiero que exista un Dios que dé razón de mi esperanza y que de él brote mi dignidad existencial, pues entonces yo podré decir que el hombre es valor en sí mismo y fin en sí mismo por ser imagen y semejanza de Dios. Quien no ama no ha conocido a Dios, porque Dios es Amor. La teodicea

A diferencia de Freud, Karl Jung trata favorablemente a las creencias y conductas religiosas y postula un inconsciente colectivo que sería el depósito de la experiencia humana y que contendría *arquetipos*, imágenes religiosas básicas universales que se repiten independientemente de la cultura[38]. Con el tratamiento llega «un alma entera y con ella todo un trozo de mundo»[39].

Según Alfred Adler, los sentimientos de inferioridad que percibimos en nosotros mismos nos inducen a compensar con la creencia en Dios luchando por la perfección y la superioridad, que nos unifican con Dios. La religión es psicológicamente funcional si sus promesas de recompensa eterna proporcionan soporte y cobijo al sujeto caído en desdicha o muerte. Tiene la función de soporte y cobijo cuando las representaciones que fundamentan la vida se erosionan. En comparación con la ciencia, la religión es más eficiente porque motiva más a las personas. Según Adler, solo cuando la ciencia genere el mismo fervor religioso y promueva el bienestar de todos los segmentos de la sociedad, serán ambos más iguales a los ojos de las personas.

Pero hablar *de* Dios es una cosa y hablar *con* Dios otra. El Frankl creyente reza con los Salmos y el Frankl logoterapeuta afronta el *mal* (*dolor, sufrimiento y muerte*) con la ayuda de una religiosidad instrumental. Ahora bien, ¿*qué o quién* es Dios?[40] , ¿dónde queda el *amor a Dios*, es una

---

topa con la inesquivable pregunta: ¿Cómo permite Dios el mal del impío, por qué esperar a un más allá restablecedor del orden final mientras el más acá se malea y desordena?

[38] Cfr. *Tipos psicológicos*, 1985, *Psicología y religión*, 1987.

[39] Cfr. *Psicología de la religión oriental*. Según Yung, Oriente, carece de psicología, pues desvanece lo humano, como también lo pide Benito Spinoza: vivir sin esperanza ni miedo.

[40] Frankl, V: «Nuestro amor no se colma con todo lo que encuentra en el mundo. Aquello en que nuestra capacidad de amar podría colmarse es Dios... *Quizás* toda verdad pensada hasta sus últimas consecuencias signifique a Dios,

herramienta del botiquín terapéutico, la cumbre de la escala axiológica[41], una respuesta existencial ante un último sentido[42], un *alguien personalissimum?*[43]. «Gordon W. Allport afirmaba: *we may be at the same time half-sure but whole-hearted*, podemos al mismo tiempo sólo estar parcialmente seguros, y actuar incondicionalmente en un sentido o en otro. Puedo no saber al cien por cien si llevo razón o no, podría ser el otro quien tiene la razón, puede su conciencia estar en lo cierto y no la mía. Esto no significa que no exista una verdad única, sino tan sólo que nadie puede saber si es uno quien está en posesión de la verdad, o el otro. Claro que existe sólo una verdad. Pero ninguno de los dos puede saber quién acierta. Creo que existe la verdad objetiva y la veracidad, pero siempre de un modo relativo a una determinada persona y a una situación determinada»[44].

Esta última frase desconcierta, pues ¿puede defenderse una realidad objetiva de un modo subjetivo? «Si *lo prioritario no es el conocimiento de la verdad, sino la realización del sentido* del instante de esta persona en esta situación concreta,

---

y toda belleza amada hasta el final contemple a Dios, y todo saludo bien entendido saluden a Dios» (*La voluntad de sentido*, p. 70).

[41] «Sólo un concepto límite como el de *suprasentido* se ofrece como respuesta al anhelo de sentido, que se revela al final, a las puertas de la muerte. Los valores parecen converger hacia un punto único. Este punto unificaría todos los valores. El valor absoluto, el *summum bonum* sólo se puede concebir en conexión con una persona, con la *summa persona bona*. Y, como tal, es necesariamente más que la persona en sentido tradicional: debe ser necesariamente una *suprapersona*» Frankl, V: *El hombre en busca de sentido*, p. 70.

[42] «No es posible comprender de forma intelectual si existe un sentido último para todas las cosas; que no podamos responder a esta pregunta en términos intelectuales no quiere decir que no la podamos responder existencialmente». *Ibi,* p. 194.

[43] Frankl, V: *El hombre doliente. Fundamentos antropológicos de la psicoterapia*, p. 275.

[44] Frankl, V: *Búsqueda de Dios y sentido de la vida*, p. 66.

no es un sentido universal, sino único»[45]. La mayoría de los creyentes ha dado la espalda a Dios.

[45] *Ibi*, p. 72.

Algunas psicopatologías del creyente

La finitud: ¿estamos locos porque creemos en Dios, o creemos en Dios porque estamos locos?, ¿estamos cuerdos porque creemos en Dios, o creemos en Dios porque estamos cuerdos?, ¿no cree el hombre en Dios porque Dios no cree en él?, ¿no cree Dios en el hombre porque el hombre no cree en Dios?, ¿es capaz el hombre de creer en los asuntos de Dios, y Dios en los del hombre?, ¿no puede soportar que los malos puedan ser perdonados y que pueda restablecerse con ellos el vínculo de la esperanza en Dios?, ¿pierde la esperanza en Dios quien no la tiene en sí mismo porque no acepta que alguien la tenga con él mismo?, ¿pertenece el duro de corazón a los inquisidores malignos, a los doctrinarios secos?, ¿es el psiquiatra antiteo un psicópata banal que actúa por contratransferencia?, ¿o juega mejor al tenis el creyente que nunca tuvo una raqueta en sus manos, pero cree fervientemente en el milagro divino?

Resulta imposible dictaminar apodícticamente sobre el carácter benéfico o maléfico de las religiones dada la complejidad de la persona. Por otra parte, no está tan claro el criterio de demarcación entre lo pseudo/religioso y lo religioso, ni siquiera dentro de una misma religión; en el límite, tampoco se puede condenar como totalmente nocivas a las pseudo/religiones, aunque lo sean en alto grado, pues hay en todo ser humano, religioso o no, una mezcla de grandeza y miseria. Otro tanto ocurre en la distinción entre religiones sacramentales o no sacramentales, pues hay quien comulga con ruedas de molino. Por otra parte, juzgar la religión según el diagnóstico psicológico constituye una bisoñez arrogante, que parte además de un hecho indemostrado, a saber, que el juicio psicológico es el juez supremo de todo lo demás. Este psicologismo barato hace mucho daño comenzando por la psicología misma. Teología y psicología no son equipolentes, aunque tengan mucho en común, pues hay desórdenes mentales que no provienen de la religión, y errores de apreciación que provienen de la psicología. ¿Provoca la necesidad de salvación el duelo ante las pérdidas, o es la confianza en la salvación anterior a la actitud psicológica?, ¿son las posiciones religiosas intususpectivas más dañinas que las militancias políticas? Resulta imposible responder a la cuestión. Cuando lo perfecto degenera, deviene corrupción; cuando la corrupción se asimila con gusto, deviene cinismo e hipocresía.

Para la psicología creyente (todo en la realidad se divide en creyente e increyente, no existiendo asepsia o neutralidad absoluta) la persona religiosa sana expresa por antonomasia la identidad de las personas maduras, y compartirían estas características: *a)* Totalidad (unidad, integración, interconexión, organización, superación de la dicotomía). *b)* Perfección (justicia, determinación, equidad, plenitud). *c)* Consumación (terminación, finalidad, realización). *d)* Rectitud (orden, legitimidad, autenticidad). *e)* Vida (proceso, espontaneidad). *f)* Riqueza (diferenciación, complejidad). *g)* Sencillez (honestidad, esencialidad, esquematicidad). *h)* Bondad (benevolencia, donatividad, entrega). *i)* Individualidad (personalidad, diferencia, irrepetibilidad). *j)* Alegría (diversión, gozo, viveza, humor, exuberancia). *k)* Veracidad (pureza, limpieza, claridad, patencia). *l)* Autonomía solidaria (ser con los otros sin dejar de ser uno mismo). *m)* Esperanza, sentido. *n)* Realismo (sin vanidad ni susceptibilidad, sin plantearse metas inaccesibles ni renunciar al ideal con metas próximas). El realista no renuncia al ideal ni lo confunde con las metas del día a día, sino que es flexible y se adapta a las circunstancias. *o)* Espíritu previsor (hasta para ser puntual hay que prever la relación entre uno mismo y su circunstancia diaria). La *impuntualidad* es propia de personas inmaduras que no planean sus acciones ni están atentas. *p)* Sentido del tú, libertad responsable (la persona inmadura hace de su ego el centro). El amor no es sólo lo que uno siente por el tú, sino el modo de comportarse con el tú. Hasta para administrar los bienes materiales propios es preciso pensar en los demás.

Pero está también la religiosidad insana, dada la alta gama epidemiológica en la religión, algunas de las cuales son:

Actos compulsivos (persignarse repetidamente al pasar por todas las Iglesias para controlar impulsos agresivos no admitidos a nivel consciente).

Conductas fóbicas (evitar experiencias sexuales por temor a contraer una enfermedad venérea).

Amnesias disociativas entre la realidad, la imaginación y el deseo ("ataques histéricos", estados místicos de trance o posesión, que se expresan simbólicamente a través de movimientos o de parálisis).

Esquizofrenia y psicosis esquizoafectivas (contenidos delirantes y alucinaciones).

Episodios maníacos autopercibiéndose como algún importante personaje bíblico. El complejo de Mesías, signo de megalomanía.

Aparicionismo: ¿qué sería del catolicismo en México sin las apariciones de la Virgen de Guadalupe a Juan Diego, aun entre los ateos guadalupanos? A mayor devocionismo, más obsesiones, depresiones, delirios, ansiedad que ni siquiera frena una oración, o una vela encendida a algún santo.

Reiteración obsesivo-compulsiva de los actos de purificación, ponerse a la cola del confesionario y volver a ella por algún olvido, chequeo minuto a minuto de la pecaminosidad. Perfeccionismo patológico.

Durante la depresión las experiencias religiosas y la espiritualidad permanecen estancadas.

Más prejuicios de los habituales, sobre todo en personas cuya educación es nula o baja, ya que el investigar o cuestionar pueden considerarse pecados. Religiosidad agarbanzada, no cultivada, de misa y olla, refractaria a la teología.

Rigidez e inflexibilidad asociada con el pensamiento mágico y la resistencia. Ideologismo, reducción de la fe a ideología.

Providencialismo, "dejar todo en manos de Dios" para así justificar éxitos, fracasos, obstáculos o pérdidas sin necesidad de analizar sus causas reales.

Wishful thinking: confusión de los deseos con la realidad.

Culpabilismo , autodesprecio.

Temor a ser "castigados" eternamente en el infierno de Pedro Botero.

Simpatía inconsciente por el diablo; rebelión contra la opresión del superyó de un Dios anciano, castigador y sociópata, y a su vez remordimiento moral por la rebeldía contra él.

En todo este marco de morbilidades se daría una *acting-in* o actuación hacia el interior (comportamientos defensivos insanos ante la energía emocional y sexual que queda bloqueada) y una *acting-out* o manifestación hacia el exterior de dinámicas interiores desordenadas (autoritarismo, rabia, cólera, superyó reprimido).

Nada hay tan complejo como el corazón humano, ni tan grande como Dios para esa mente. El hombre necesita encontrar a eso que llama Dios. A veces, ni siquiera está clara la diferencia entre la mera máscara y la locura; todo el año es carnaval. El catálogo de desequilibrios no conoce límites: egocéntrico, frágil, lábil, quebrantable, oxidable, miedoso, mentiroso, rencoroso, miserable, irresponsable, compulsivo, tóxico, enervante, tramposo, incoherente, tonto de remate, destructivo, genitor más que progenitor, enfermable, dolorido, resentido. Hay en nuestros corazones más de cinco jinetes del Apocalipsis y más de cinco cloacas que tapar.

¿Cuántos justos sostienen la Tierra? En Auschwitz el padre Kolbe cantaba a la Virgen, y Víktor Frankl salió con la bata blanca perdonando y sanando. Proliferan los santos cuya esperanza está dentro y por encima de ellos mismos. Conozco tantas personas dignas de admiración, que no podría enumerarlas y que dejarían cortas apologías como las de Picco de la Mirandola. Somos el más del menos y el menos del más, la coincidencia de los opuestos ya señalada por Nicolás de Cusa, y andamos entre lo mediocre, lo bueno y lo *imbueno* de Orwell, grey de churras y merinas dignas de piedad planetaria. Como *alaopolitas* (Tomás Moro) volamos a *Nowhere* y a *Nunquam*, distopías en un mundo intercomunicado por nuestras naderías.

Industrias del *entertainement,* salud, dinero y bellotas, la misma zarzuela de siempre. El poeta Virgilio, lumbrera de Roma, pensó que su *Eneida* sería *monumentum aere perennius,* monumento más perdurable que el bronce. Para los nazis ningún judío podría sobrevivir a los campos de exterminio para contarlo. Como psicólogo cada persona y cada cultura, religiosas o no, me asombran hasta casi el misterio. *Corruptio optimi pessima,* cuando lo óptimo se corrompe, algo huele a podrido en Dinamarca.

143

Wann werden Wörter wieder wort?, ¿cuándo volverán a ser Palabra las palabras?

Esta situación podría tener un doble enraizamiento: en la incultura por un lado, y en el miedo pánico a la realidad por el otro lado. Sumando ambos acumularemos las papeletas suficientes para lograr una locura controlada que con mayor fuerza de lo deseable en demasiadas ocasiones se torna incontrolable y explosiva cuando la dinamita se nos va de las manos. Somos una bomba de relojería. He aquí una variante más de la vida de la muerte que casi todos rehúsan reconocer y que nos induce a separar vida y muerte, sania e insania, como si se tratase de dos polos irreconciliables, cuando deberíamos intentar aprender a hacer buen uso de nuestras enfermedades en lugar de mirar a otra parte, como he tratado poner de relieve en algún otro lugar no hace aún demasiado tiempo.

Cuando las palabras se hacen Cister. Y mientras los filósofos se acaloran discursivamente y despedazan deconstructivamente los últimos fragmentos de vísceras desparramadas (¿qué comerán, cuando ya lo hayan devorado todo, será la antropofagia la filología del futuro?), mientras hacen un esfuerzo máximo para evitar la caída en el nihilismo absoluto, al otro lado del aula una monja cisterciense que ha abandonado la clausura para dirigirse por unos momentos a los teólogos toma la palabra. Diminuta, enhabitada, con la vista baja, desgranando quedos susurros con una voz que se oye en el silencio no roto ni por el vuelo tenue de una mosca, comienza su loa de la Palabra mientras quiere retirar su propia voz. Nada de preguntarse hiperbólica o filológicamente si las palabras de Dios son una parábola, y mucho menos si Dios sería él mismo una parábola. No. Todo es aquí apalabramiento en la Palabra. No cabe una teología sin Dios, aunque sí un Dios sin teología. Y si es cierto que hay santos que el cielo impone a la tierra, hay santos que la tierra impone al cielo.

Habla la superiora cisterciense, y yo comienzo a responderme: Sí, Europa la han hecho los monjes benedictinos cantando salmos y plantando viñas. La historia de la razón nació de la Palabra, y no a la inversa. De la boca de la mujer de clausura salen tantos textos sagrados en el continuo orar laborante de cada día, que otros urgidos por la cotidianidad asilvestrada demandan de ellas oraciones. Es, en efecto, el prójimo de hoy como ese ciervo al que su dieta omnívora y alocada lleva a engullir una serpiente, y que tras sentir en el estómago el ardor del veneno no baja siquiera a la fuente para apagar la gran sed interior.

Estar al poste. Nada más abierto que la clausura católica o universal que busca pneumáticamente. Una mentalidad así católica *está al poste,* como los viejos catedráticos de la Universidad de Salamanca fuera del aula una vez terminada su clase, aguantando el quicio de la puerta a pie firme las preguntas pertinentes e impertinentes y buscando lo verdaderamente angular, nada similar al repipi y filológico *Mit wem haben Sie studiert,* con que Heidegger inquiriría el *pedigree* académico de Adorno.

No diría yo, así las cosas, que no sea necesario un espíritu cisterciense para afrontar la corrupta cosa pública. Si la democracia no está viviendo a la altura de su ideal es precisamente por la ausencia de ciudadanos en la discusión pública.

Varón y varona: sobre la ideología de género. Fenomenología de la desesperación relacional

Esperar no es estar sentado en una nube renegando. Esperanza (s*pes*) viene *ex pes*, que significa *a partir del pie*, tener los pies en la tierra. *Des/esperar* es perder el piso, desbalancearse, andar por la vida *infirme*, no firme, enfermo. El desesperado no tiene dónde asirse, no sabe cómo hacer, pierde la relación con la realidad, *no va a ninguna parte concreta*.

Yo desespero de ti, pero al mismo tiempo de mí, porque yo *somos yo-tú*, aunque lo vivamos como o/yo/o/tú, aferrados cada uno a su propio vértigo. La desesperación tiene, como todo lo humano, *carácter dual*. *Tú a mí* me haces tropezar, me desestabilizas, me sacas del ritmo, no sé cómo hacer contigo, me *des/hace* tu propia *des*esperación, y a ti la mía. El *des* afirma negando. Cuando la *des/*esperación se extiende, reina la *lógica del mal,* que dice así: *te mato porque me matas. ¡Mejor solo que mal acompañado*, tal es mi venganza!⁴⁶

Cuando esa desesperada relación *permanece y se alarga* porque no puede *desligarse,* el infierno eres tú: no sabrá

---

⁴⁶ Marion, J-L: *Prolegómenos a la caridad.* Editorial Caparrós, Madrid, 1993. Traducción de Carlos Díaz.

convivir con los demás quien no sepa convivir con los demás que hay en el propio yo. Al enviarte al infierno, nos abrasamos un poco más cada uno de nosotros en el propio yo; la Hydra se reproduce cuanto más se descabeza. *La desesperación* muriendo mata, matando muere; los muertos que nos matan y los que nosotros matamos gozan de buena salud siempre. Las formas de sacar de circulación al otro también nos desvían a nosotros, pues pisamos el acelerador para no ir a ninguna parte y viajamos juntos pero separados, atroz bicefalia para dos conductores en el mismo auto, uno frenando y el otro acelerando al mismo tiempo, derrape seguro a ninguna parte.

Hemos sucumbido a la asensualidad y estamos en la hipersexualidad. El espíritu de los cátaros, maniqueos sectarios, siempre anda separando churras de merinas, y por supuesto cuerpo y alma, cuerpo bueno y alma malo, infierno y condenación. Evidentemente existe lo bueno y lo malo, pero esa manía de entender lo somático como lo inferior pasa de castaño oscuro. El desprecio al cuerpo se ha corregido, pero el desprecio a la sexualidad se ha mantenido. Hay un lugar especialísimo en Tijuana, *la bufadora,* donde el agua marina entra por una oquedad de la roca costera lanzando hacia el cielo espasmos, espumas, sonidos roncos y rápidas eyaculaciones, y me vino a la memoria el trato que se le da al sexo mecánico, espasmódico y vulgar. *Sexualidad bufadora y bufa.*

Pero «la sensualidad es buena y necesaria como "base instintiva"; no se trata de extinguirla (al estilo estoico o maniqueo) sino de integrarla cada vez más a la totalidad de la persona y su buena intención hacia Dios. Aunque el sentido despectivo en que usualmente se entiende "sensual" tiene su justificación, valdría sin embargo la pena revivir el sentido primordial de esa palabra»[47]. Para ello deberíamos recuperar

---

[47] Rahner, K: *Theological Dictionary.* NY: Herder and Herder, 1965, p. 432.

los sentidos en todos los sentidos, algo que fue previsto por el monje católico Thomas Merton, cuando escribió: «el primer paso en la vida interior, hoy en día, no es, como tal vez supongan algunos, aprender a *no* ver ni saborear ni oír ni sentir cosas. Al contrario, lo que tenemos que hacer es empezar a desaprender nuestras maneras erradas de ver, saborear, sentir, etcétera, adquiriendo algunas de las correctas»[48].

Nuestros cuerpos no mienten tan fácilmente como lo hacen nuestras teologías. Cuando nos conmovemos, somos en verdad movidos corporalmente, química y eléctricamente. Nuestros cuerpos se aceleran, se calientan, se desaceleran, se relajan, y ahondan en nuestro tejido epitelial hasta producirnos piel de gallina. Ninguna persona que haya sido vulnerable a la piel de gallina, que se haya dejado adueñar por ella, puede seguir creyendo en la violencia que separa el espíritu del cuerpo, a la espiritualidad de la sensualidad. Pero aquí está el problema: existen personas y grupos de personas en nuestra cultura y en sus instituciones (inclusive en las religiosas) inmunes a toda emoción y, por ende, al éxtasis; ahí se encuentra la explicación de muchas de las violencias en nuestra cultura, y en sus instituciones. Reprimir nuestra sensibilidad a las maravillas de la creación es matar nuestra capacidad de experimentar lo divino. Y esta condición de torpeza espiritual, a su vez, lleva a la acedía, al aburrimiento espiritual, condición normal de la mayoría de nosotros en nuestra cultura: «la mayoría de nosotros al dejar atrás la niñez, ya hemos reprimido la visión de las maravillas primordiales de la creación. La represión ayuda decididamente a vivir en un mundo abrumadoramente milagroso e incomprensible, un mundo tan lleno de hermosura, majestad, y terror, que, si los animales lo percibieran todo, quedarían paralizados para actuar»[49].

---

[48] Merton, T: *No Man is an Island.* Doubleday Image, NY: 1967, p. 99.
[49] Becker, E: *The Denial of Death.* The Free Press, NY 1973, p. 50.

Según Ashley Montagu «el estímulo táctil cariñoso es claramente una necesidad primaria, una necesidad que debe ser satisfecha si el niño ha de desarrollarse como ser humano sano»[50]. La sensualidad no significa exclusivamente sexo, como suponen tantas personas miedosas. Montagu sugiere que la preocupación por el sexo, que de hecho ha encogido tanto el significado de "sensualidad" para nosotros los occidentales, es en sí una señal del miedo a la vida personal y comunitaria que nos está matando a todos.

Los bebés pueden vivir más tiempo sin comida que sin ser tocados. Sin embargo, «la cultura norteamericana es considerada como una cultura que carece del sentido del tacto»[51]. Erik Erikson asegura que «cualquier hombre que piense o sienta demasiado les parece maricón. Esta aversión al sentimiento y al pensamiento deriva de una temprana desconfianza por la sexualidad»[52]. Desde luego «es altamente probable que la actividad sexual y la frenética preocupación por el sexo que caracterizan a la cultura occidental, no sean para nada, en muchos casos, expresión de un instinto sexual verdadero, sino que disfracen la búsqueda de maneras de satisfacer la necesidad de contacto físico»[53].

Hemos sucumbido a la *asensualidad* y estamos en la *hipersexualidad*. En la misma corriente, W.H. Auden advierte a los norteamericanos que «el gran vicio de América no es el materialismo sino la falta de respeto para la materia». Esto, tan generalizado, crea un vacío que tratamos de llenar con bienes de consumo, pero en vano. Porque fuimos creados para amar bien a la materia, no para ignorarla. Irónicamente, ignorándola nos convertimos en víctimas de la materia distorsionada, la

---

[50] Montagu, A: *Touching*. Perennial Library, NY, 1972, p. 184.
[51] *Ibi*, p. 169.
[52] Erikson, E: *Childhood and Society*. Norton, NY, 1963, p. 319.
[53] *Ibi*, p. 192.

cual es la "vida de lujo", con su correspondiente avaricia, que es el consumismo.

Los estudios sobre la violencia, y especialmente sobre la violencia y los medios, revelan el estado patético de la América aburrida (y de su pedisecua Europa envilecida) en la cual nuestra diversión tiene que ser a costa de los demás, también a costa de los cuerpos de los demás. En ninguna otra parte resulta tan evidente nuestra sensualidad desplazada como en la violencia de los programas de crimen, las caricaturas y el fútbol profesional, que observamos hipnotizados mientras obedecemos los comerciales que los acompañan y tragamos comida sucedánea, bebidas tóxicas y en general automóviles a toda costa, desodorantes, y detergentes cada vez más fuertes. Así las cosas, o aprenderemos a disfrutar de la tierra y de sus dones sencillos y sensuales, o prolongaremos nuestros placeres perversos en el sufrimiento mutuo que nos infligimos.

Del mismo modo, malgastar y abusar de la sexualidad constituye una manera muy cruel y despilfarradora de privarnos de hermosas experiencias extáticas. Es como si prefiriéramos controlar nuestros éxtasis a disfrutarlos: «se gana poder sobre la sexualidad precisamente por medio de su expresión desenfrenada. Así el sexo se convierte en una herramienta como la rueda, la palanca o la azuela del cavernícola. El sexo como máquina, la *Máquina última*», comenta Rollo May[54]. El respeto que requiere la sexualidad para mantener su carácter extático parece cada día más raro: «el placer físico es una experiencia sensual que no difiere de la visión pura, o de la sensación pura de una fruta sabrosa llenando la lengua; es una gran experiencia sin fin que se nos da; un conocimiento del mundo, con la plenitud y la gloria de todo saber. Y lo malo no es aceptarlo, sino que muchos

---

[54] May, R: "What is Our Problem?" *Review of Existential Psychology and Psychiatry*, III, May, 1963, p. 1.

abusan o derrochan esta experiencia utilizándola como estimulante contra el aburrimiento»[55].

Ser *espiritual* es ser extremista, pero sin extremismos desequilibrados Más bien, se trata de estirarse en muchas direcciones a la vez, como lo hace Dios. Como observó Pascal: «un hombre no revela su grandeza morando en un extremo, sino tocando los dos extremos al mismo tiempo». En realidad, un extremismo fanático es otro tipo de espiritualidad, porque es hecho por el hombre y controlado por el hombre. Uno tiene que permanecer fiel a la fe en que la vida es un don del cual somos receptores. El estirar de nuestros corazones, almas, y cuerpos que se nos requiere en la experiencia divina es un estirar divino. Si no se estiran nuestras almas, ¿cómo entrará Dios para vivir allí? Estamos envueltos en un culturismo físico, un entrenamiento espiritual, con calambres y dolores y racionalizaciones para abandonarlo, tal y como vienen con cualquier esfuerzo desafiante. Y la racionalización más fatal de todas es la seguridad.

Vinculada al espiritualismo está la glorificación (o la denostación) del celibato. Descontando la opción célibe perversa, la cual es una huida del éxtasis, de la sensualidad, y del mundo ¿queda todavía algo no neurótico y creativo en cuanto a una decisión voluntaria de ser célibe? Seguramente. Porque un célibe, por negarse a concentrar las energías libidinosas en la actividad genital, emprende una búsqueda de salidas alternativas para las energías sensuales. Un célibe es un soñador, un soñador de formas alternativas de sensualidad que explora formas alternativas de sublimación en un estilo de vida no genital. Ser un célibe sensual, y profético a la vez, es una posibilidad, y posiblemente una señal de esperanza.

---

[55] Rilke, *R. M: Letters to a Young Poet,* New York: Random House, 198, p. 36.

El machismo del varón
y el hembrismo de la varona

Causa vergüenza contemplar el abuso del *machomán* sobre la *hembrawomán* en todas y en cada una de las manifestaciones de la vida cotidiana. El macho alfa puede sin duda ser designado como *animal ginéfobo*, pues trata a la mujer como a un objeto de persecución y de cacería presumiendo de priapismo y de hipergenitalidad. En muchas ocasiones no se es siquiera consciente de ello, aunque no decimos esto como argumento exculpatorio de esa brutalidad. No hay reunión de machos donde el arte venatorio no haga rápido acto de presencia. Los chistes, las risitas, las segundas intenciones, el *albureo,* no pueden faltar en el imaginario social de los más avispados, ni siquiera en el de los más torpes alcoholizados en cada fiesta.

Lo que el hombre comete con la mujer podría ser calificado de *antropocidio*, y no solo por las decenas de muertas que cada mañana aparecen violadas y descuartizadas. Algo hasta la fecha tan humillante y sórdido en lo cotidiano, que, la mujer debe pedir permiso para todo, incluso para salir de casa a determinados lugares al hombre-macho y gallo del corral, cuya expresión favorita es *aquí sólo mis chicharrones truenan.* El hombre se emborracha por costumbre, no solamente durante los fines de semana, pega a la mujer tremendas golpizas, cubre de infidelidades sin límite a su pareja, se burla de ella, la cosifica y ridiculiza, y todo eso son pecadillos menores a la luz de la mayoría de la población. Si la mujer adoptase esas mismas pautas de conducta, pobre de ella. El hombre es el galán mariachi rodeado de gallinas ponedoras. Controla el dinero, y su mujer recibe si acaso de él algunas migajas "para sus gastos" a cambio de abrir las piernas en compás cada vez que así lo dispone su proveedor, y eso en el caso más favorable de que el macho traiga a casa algún dinero en lugar de haberlo despilfarrado en sus parrandas polígamas. La agresividad, la fanfarronería, las infinitas licencias que se permite ese individuo sobre las mujeres en general y sobre la suya en particular, parece llamada a perpetuarse como si tal cosa.

Uno de sus resultados colaterales es la abrumadora cantidad de madres solteras por forzosidad, muchas veces con la complicidad de ellas mismas. A un macho que hace hijos por donde va pasando para inmediatamente abandonarlos la ley le penaliza leve y formalmente con algún tipo de pensión para la manutención de su prole, entre otras cosas porque los jueces mismos minimizan los hechos. Demasiadas mujeres están apagadas, resignadas a este estado de cosas, e incluso llegan a ver con toda naturalidad que una madre pueda ser padre y madre, tenga que asumir el rol de padre como si la prole no necesitase de referente paterno. De aquí el *matriarcalismo fáctico* y el *culto hiperdúlico* a la madre. La madre sí, la mujer no. Sólo mi madre es santa y pura, y el resto basura.

Dicho esto, infortunadamente *asumir este estado de cosas* ha llegado a ser la única manera de sobrevivir para muchas mujeres: «En el campo de la violencia doméstica hay mujeres que muestran trastornos más allá de lo esperado en una situación de estrés. Motivadas por sentimientos de venganza, rencor y animosidad, se comportan de una manera destructiva también para ellas mismas. al tiempo que ella se percibe a sí misma como una santa mujer que tiene que aguantarlo todo»[56]. La persona desencajada sólo empatiza con su propio dolor; los comportamientos destructivos son la norma, los momentos de calma y de lucidez momentáneos remansos de paz en medio de la tormenta. Desde su impotencia fáctica, estimula un sentimiento de omnipotencia al mismo tiempo. Acechará o agredirá a la nueva compañera o compañero del *ex*, telefoneará a los amigos comunes y a sus socios para arruinar su reputación, inventará, denunciará abusos contra los niños, intentará arrebatar la guardia y custodia de los niños al padre, atentará con actos vandálicos contra la propiedad del cónyuge, escenificará intentos fallidos de suicidio, o incluso matará por venganza.

Ideología de género: ¿el varón culpable por serlo? Según los planteamientos *ginecocráticos*, el varón es culpable por ser varón, y la mujer su víctima. A la *ideología de género* hasta los viejos machistas parecen ahora apuntarse para no ser puestos bajo sospecha; el varón domador debe ser domado:

—Los varones son culpables por ser varones. El varón padre también, por ser varón.

—Dos varones hacen una buena madre, dos varonas hacen un buen padre en la familia monomórfica.

—Por paradoja, no se sabe quién es el varón y quién la varona, daba la ambigüedad e ilimitación del género, como tal indefinible lógica y ontológicamente.

—Pese a ello, el *género varona* reemplaza al *género humano*. La jerarquía es una construcción social del malvado patriarcado occidental frente al matriarcado idílico.

---

[56] Hirigoyen, Marie-France: *El maltrato psicológico en la vida cotidiana.* Ed. Paidós, Barcelona, 1999; *El abuso de la debilidad.* Ed. Paidós, Barcelona, 2007; *Las nuevas soledades: el reto de las relaciones personales hoy.* Ed. Paidós, Barcelona, 2013.

—Se potencia un neolenguaje para controlar el terreno semántico, pues quien controla el control semántico gana.

—Se mete miedo; nadie se atreve a contravenir el relato feminista por pánico a ser linchado.

—Se hace creer que todo cambia para que todo continúe, olvidando el lema *libertad, igualdad y fraternidad*.

—Se convierte en *políticamente correcto un nuevo género de ideología*, la del *empoderamiento* dando la espalda al *debilitamiento* de lo que no sea su propio "genero". Sin embargo, ¿no hará falta *desempoderar a los explotadores para empoderar al mismo tiempo a los explotados?* ¿Podríamos solazarnos en las verdes praderas empoderando al mismo tiempo al lobo y al cordero? La euforia del empoderamiento, ¿no necesita ser rebajada por un desempoderamiento compensador?

Empoderamiento y debilitamiento son el haz y el envés de la *compasión. El empoderamiento compasivo: a) Debilita al incompasivo y fortalece al débil,* lo fortalece también en su capacidad de ser fuerte. *b)* Es *dinámico y comunicativo*, pasa de estar dormido a estar activo y rugiente, y a apagarse. *c)* Se manifiesta *a través del deseo de ser más y mejor,* contra la anorexia desiderativa. *d)* Conlleva *voluntad de reciprocidad en el reconocimiento. e)* Es *personal y sinárquico,* sinergia donde todos ganan (*win-win relationship*), sin que desaparezcan las diferencias. *f)* Y, como nadie da lo que no tiene, el poderoso es autocompasivo. *g)* Toda *abnegación (abnegatio,* negación del propio poderío enfermizo*)* es *com/passio.* Por eso la compasión cesa cuando la persona (propia o ajena) deviene desechable[57].

---

[57] Díaz, C: *De la razón dialógica a la razón profética.* Ed. Móstoles, 2003.

Cum spe et cum metu:
el humano supera infinitamente al humano

Pero vivir sin esperanza y sin miedo es una enfermedad psíquica, y desde luego dista de ser el ideal de perfección. La estructura pística, fílica y elpídica humana resulta incompatible con la frivolidad racionalista que se duplica cuando se confiesa al mismo tiempo la identidad cristiana. Yo soy lo que soy y también lo que no soy. Mi yo es participial por el orgullo de lo ya realizado durante la búsqueda del ideal de perfección; el yo fidelizador del yo no dice *ergo sum*, sino *ergo sursum,* hacia arriba. Hacia arriba, pero también contigo (*prorsum*), porque nadie va hacia arriba si no tiene con quien ir. Y al hacerlo se acerca al *adsum* eternizador, pues todo amor desea profunda eternidad, algo imposible si no fuese capaz de eternizar. Dicho de otro modo, lo espiritual no procede de lo material, nosotros, idealistas *de y desde* la realidad, pensamos que *sin* idealidad no hay realidad, que la realidad no existe sin su lanzadera eternizadora, y que la evolución perfectiva de lo material no tiene lugar sin esa levadura de lo espiritual que hay en ella, no en Peter Pan.

El día en que Yahvé hizo tierra y cielos no había aún en la tierra arbusto alguno del campo, y ninguna hierba del campo había germinado todavía, pues no había hecho llover sobre la tierra, ni había hombre que labrara el suelo. Entonces formó al hombre con polvo del suelo, e insufló en sus narices aliento de vida, y resultó el hombre un ser viviente. Lleno, pues, del aliento divino, y creado por sus manos, el hombre aparece. No es hijo del azar, ni un caos abandonado a la mera contingencia. Ha sido pensado, amado y creado con amor personal. Antes, le prepara el hermosísimo marco del Edén. No por obligación, la creación sólo puede explicarse como amoroso obsequio. A todos los seres creados les envías tu aliento, y los creas, y repueblas la faz de la Tierra. Les retiras tu aliento y expiran, y vuelven a ser polvo. Dios es esa perfección última de todas las perfecciones, bien sumo; la vida no es una entrega al azar, ni al vacío, ni al sin sentido, ni a la dispersión, ni al caos. Por eso cuando la persona rompe con el misterio de Dios se rompe a sí misma, se en/ajena, se altera, no sabe vivir.

Dios se toma a sí mismo como modelo para crear al hombre para que éste se parezca a Él. Se regala a sí mismo dando al hombre un aire de familia divina para que quien vea al hombre pueda imaginar a Dios y para que quien piense en Dios pueda pensarlo a través del hombre. Vio Yahvé todo cuanto había hecho, y estaba muy bien: el cosmos para el hombre y el cosmos y el hombre para Dios. A tal dignidad responde aquél con la exigencia ética; a mayor gratuidad divina, mayor exigencia humana.

Él ama también a quienes no lo aman, su Espíritu llena la faz de la Tierra. Porque Dios le mira puede mirarse a sí mismo en los otros. El encuentro total sólo puede darse en presencia de Dios. La vida humana está anclada en el Absoluto-Dios; el hombre sólo puede afirmar a Dios si vive ya afirmado por Dios y en esta afirmación acontece Dios en la vida humana. A mayor toma de conciencia de mi yo, tanta más conciencia de Dios, pero no de Dios en sí mismo, sino de Dios en mí.

La religión es afirmación absoluta del ser humano a la luz de Dios, la afirmación del Absoluto-Dios presente en la vida humana y a la inversa: no hay manera de afirmar a Dios sin afirmar al hombre, negando al hombre se niega a Dios. El objeto de la religión no es Dios en sí mismo, sino su presencia en el hombre, el hombre en cuanto presencia de Dios. Una religión al margen de la cultura sería vacía, pero a su vez cualquier cultura sin religión sería ciega, al cerrarse a su último sentido. Si se afirma incondicionalmente al otro y a uno mismo, se afirma también lo Absoluto. Pero esta percepción exige una cierta madurez de vida, que se alcanza cuando el hombre se encuentra en la situación de tomar al otro y de tomarse a sí mismo con total seriedad.

En la vida humana irrumpe el Absoluto como patencia de sí a través de la potenciación del ser humano. Por eso el hombre, en cuanto afirmado por el Absoluto, supera infinitamente al hombre en la presencia del Absoluto y podrá ser amado por sí mismo y no reducido o degradado a medio o instrumento para nuestro amor a Dios. El humanismo posibilitado por este teísmo no será, por tanto, un humanismo estético conservador, sino presencia de Dios en la autorrealización de la existencia humana, la cual deriva del *soy amado* con que Dios le pensó y le quiso. Al revelarse el amor de Dios al hombre le hizo comprenderse a sí mismo. Dotada de dignidad absoluta, la persona es fin en sí misma, con ella el fin no justifica los medios, su valor es absoluto, no relativo. Fines en sí, no el final de sí mismos, el final es el amor de Dios.

Así pues, no cualquier teísmo filosófico, sino solamente la revelación del Dios vivo puede decirnos lo que significa el concepto Dios personal, y por ende la persona humana. ¿Quiere esto decir que el *a-teo* se ignora como hombre al no aceptar esa revelación? Lo que experimenta oscuramente en su conciencia moral como conocimiento de la responsabilidad, eso se hace luminoso en el encuentro con el Dios que se revela y en esta autorrevelación nos ama.

Creado relacionalmente para convivir en justicia y en paz, «dijo luego Dios: no es bueno que el hombre esté solo». No se puede vivir ninguna existencia verdaderamente humana a espaldas de los demás. La persona es el animal que animalmente trasciende de su propia animalidad, de sus estructuras orgánicas. Es la vida trascendiendo *en* el organismo a lo meramente orgánico, no *de* la animalidad, sino *en* la animalidad. Por tanto, trascender no es salirse del organismo, sino un quedarse en el organismo de la animalidad; y es trascender en la animalidad *a* su propia realidad.

Los animales llegan a un grado de inteligencia y de sentimiento importantes, pero no a tener conciencia de sí. El animal es capaz de individualidad, pero no de personalidad. La persona se posee a sí misma gracias a su autoconciencia intelectiva y volitiva; ella sobrepasa la mera animalidad sin dejar de ser animal; el animal es capaz de contemplar objetos, la persona realidades. El humano sobrepasa la mera animalidad sin dejar de ser animal; el mero animal no es capaz de contemplar realidades, sino objetos: a diferencia de los demás, el animal humano está instalado no sólo *entre* realidades, sino *en* la realidad, en lo trascendental. Por eso es capaz no solamente de tener comportamientos, sino de convertirlos en afrontamiento, de enfrentar o asumir la realidad transformado el medio en mundo.

Pero el relato bíblico no sirve para quienes piensan que no es la naturaleza para el hombre, sino el hombre para la naturaleza: «nosotros, los *humanes,* no somos más que una especie animal entre otras. Desde luego, los humanes se parecen más a un orangután que cualquiera de los dos a una mosca. Es cierto que nosotros somos los parientes listos, pero ello no impide que pertenezcamos a la misma familia»[58]. Paralelamente crece la consideración del animal como portador de unos derechos iguales a los del hombre. La *Declaración Universal de los Derechos del Hombre y del Ciudadano* se equipara con la *Declaración Universal de los Derechos del Animal* con la desaparición de la distinción entre *derechos personales* (relación entre dos sujetos jurídicos, el acreedor como sujeto activo y el deudor como sujeto pasivo; las personas son sujetos de derecho, y por eso pueden heredar) y *derechos reales* (traducidos en una relación directa e inmediata entre el sujeto y las cosas y los animales, excluyendo a estos últimos de recibir bienes en heredad), ya que en la actualidad algunos animales se han convertido en herederos universales de ricachones famosos.

Mas ¿cómo evitar que según la ley de la oferta y la demanda se valore cada vez más a un animal en vías de extinción, y cada vez menos a un humano abundante y pobre?, ¿acaso no se dedican más medios y se manifiesta por lo general más cariño a un oso panda, a un buitre leonado o a una foca monje (esto último por la escasez de vocaciones religiosas), y menos todavía a un espalda mojada? En este contexto Narciso tiene la mirada verde y se hace una foto rescatando una ballena, pero otra devolviendo al mar a las pateras flanqueadas por la policía de inmigración. Más suerte tiene hoy un animal protegido que un espalda mojada intentando cruzar el Río Bravo que separa a México de los Estados Unidos de Norteamérica.

Sin la menor connotación pesimista, la presente sociedad es esencialmente sumisa. Ameboide, aparentemente flexible pero rígida, sin ancla. Autocomplacida, feliz y con

---

[58] Mosterín, J: *Grandes temas de la filosofía actual*. Ed. Salvat, Barcelona, 1981, pp. 6-8.

gran autoimagen. Hipócrita, tolerante de fachada. Nihilista paradójica, pues busca con ahínco la renta *per capita*. Está a favor de "algo" pero contraria al "alguien". Descabezada reflexivamente, de vuelco emocional en vuelco emocional, culturalmente invertebrada, mediáticamente vulgarizada, relativista, entreguista, París bien vale una misa. Erotizada en todos los terrenos. A veces rebelde sin causa, sin permanencia y sin para qué. Teófoba: cristófoba, antropófoba. No somos más que un pedazo de grasa arrastrado al corral por las mulillas del torero. Zaratustra habló: «cuando era joven, este Dios del Oriente era duro y vengativo, y construyó un infierno para diversión de sus favoritos. Pero al final se volvió viejo y débil y blando y compasivo, más parecido a un abuelo que a un padre, y parecido sobre todo a una vieja abuela vacilante. Se sentaba allí mustio, en el rincón de su estufa, cansado del mundo, cansado de querer, y un día se asfixió con su excesiva compasión»[59].

En el pequeño ecosistema de cada cual, ya seas extrovertido, estable, despreocupado, escrupuloso, idealista, receloso, reservado, sereno, conservador, imaginativo, sagaz, arriesgado, aprensivo, experimentador, autosuficiente, controlado, inestable, tenso, relajado, informal, duro, confiado, tímido o sobrio, el miedo te lo va a poner todo patas arriba[60]. Don Quijote sabía de su efecto turbador: «el miedo que tienes te hace, Sancho, que ni veas ni oigas a derechas, porque uno de los efectos del miedo es turbar los sentidos». Según Aristóteles, «en el más alto sentido se llama valiente al que no tiene miedo de una muerte gloriosa»[61]. El miedo convierte al cabeza de ratón en cola de león, y a la inversa. El miedo, en

---

[59] Mounier, E: *Los cristianos ante el problema de la paz*. Editorial Sígueme, Salamanca, Obras, III, pp. 923-927.
[60] Virgilio: *Eneida*, IV, 3.
[61] Aristóteles: *Ética a Nicómano*, 1115b.

fin, de susurra: "si no formas parte de la mesa de negociaciones, puedes terminar siendo parte del menú".

El miedo básico, ontológico, es el desamparo de la finitud: Jesús rompió el silencio y se dirigió a Jerónimo desde lo alto de la cruz:

—Jerónimo, ¿qué tienes para darme?— La voz de Jesús bastó para levantar el ánimo de Jerónimo.

—La soledad en la que me debato, respondió.

—Excelente, Jerónimo, respondió Jesús. Te lo agradezco. Pero ¿tienes algo más que ofrecerme?

—Naturalmente, Señor: mis ayunos, el hambre, la sed, sólo como al ponerse el sol— De nuevo Jesús replicó:

—Excelente, Jerónimo. Te doy las gracias, pero ¿tienes algo más que darme?— Jerónimo mencionó sus vigilias, la larga recitación de los salmos, el estudio asiduo de la Biblia de día y de noche, el celibato que intentaba como podía, la falta de confort, la pobreza, los visitantes imprevistos a los que se esforzaba en acoger con una cara no demasiado desagradable, en fin, el calor del día y el frío de la noche... Jesús le felicitaba y le daba gracias por cada cosa, preguntándole:

—Jerónimo, ¿tienes algo más que darme?— Jerónimo balbuceó:

——Señor, te lo he dado todo, no me queda verdaderamente nada— Entonces se hizo un gran silencio en la gruta y en los confines del desierto de Judá, y Jesús replicó por última vez:

—Jerónimo, has olvidado una cosa: dame tus pecados para que te los pueda perdonar.

El duro oficio de ser Dios

P) ¿Qué diría Jesús a un parado? R) Pues le miraría como él miraba, creo que la forma que tenía Jesús al mirar era irrepetible. Le ayudaría a sanar todo, probablemente no le daría trabajo, pero con esa mirada le diría que la vida tiene sentido.

P) ¿A una pareja de jóvenes que van a casarse? R) Que sepan que el amor de *1 Cor. 13* es hermoso, pero está fundado en el amor del Padre, y si fallamos al amor del Padre, posiblemente no durará siempre el amor de quienes se aman.

P) ¿Qué diría a un inmigrante? R) Que él mismo, el nazareno, es un inmigrante que ha venido de lejos, de la casa del Padre; que es un transterrado ultraplanetario; que es Él quien hace toda distancia pequeña; que se ha hecho casa para que nosotros moremos en Él.

P) ¿Y a un joven universitario? R) Me cuesta más trabajo con lo malillos que son estos universitarios, pero les diría: Yo soy la juventud, yo soy locura y sabiduría, locura para los que saben mucho y sabiduría para los humildes y sencillos.

P) ¿Qué diría a un anciano abandonado en una residencia? R) ¡Resucitaréis! El amor del Padre os resucitará. La vida comienza ahora.

P) ¿Y a un cura joven? R) Le diría: ¡Yo no fui cura! Yo, tu patrón, Jesús de Nazaret, no fui un cura, así que abandona en lo posible el manierismo burocrático-sacerdotal que te puede convertir en un fariseo.

P) ¿Qué le diría a un voluntario de Cáritas? R) Que se tome en serio el voluntariado, que la vida no es solamente voluntad a secas, sino voluntad inteligente, que sea menos voluntarioso y más creyente para que dure mucho más tiempo su voluntad. Los voluntariosos con medalla de hierro terminan creyéndose héroes y se hacen una orla y una foto.

P) ¿A quién curaría Jesús? R) A los narcisistas como yo, a todos los que tenemos alguna esclavitud. Esclavitud de la muerte, esclavitud del pecado, llámese como se le llame, esclavitud de dependencias, de todo eso nos curaría, nos liberaría Jesús, y está liberándonos.

P) ¿Para quién serían sus palabras más consoladoras? R) Para todos aquellos que han sufrido tanto que ya sólo pueden creer en Dios. Él ha venido a dar vista a los ciegos, a que oigan los sordos, a que caminen los paralíticos, a que sean liberados de sus mazmorras y de sus cadenas los esclavos. Esta es la gran liberación que uno siente, cuando se entrega incondicionalmente al amor del Padre manifestado a través de Él.

P) ¿Para quiénes serían las condenas más duras? R) Pues para quienes practican implacablemente las desventuranzas. Si sus macarismos son nuestras bienaventuranzas, las desventuranzas son lo contrario: la glorificación del poder, del prestigio, del dinero, de las sectas que son sepulcros blanqueados, pues no hacemos lo que decimos ni decimos lo que hacemos. Jesús fue muy duro con los sepulcros blanqueados.

P) ¿Qué les diría Jesús a los concursantes de Gran Hermano? R) Hombre, que no pierdan el tiempo, no pienso que les diría que lean a Carlos Díaz, pues eso sería mucho pedir, pero... ¡Hijos míos de mi vida, si sois jóvenes de verdad, seguidme, porque yo soy la juventud!

P) ¿A los *chicoschicas* de Operación Triunfo? R) Qué difícil me lo pones. Qué todos queremos ser queridos, y que hay triunfos que son fracasos y aparentes fracasos que son triunfos. Y que solo se posee lo que se regala y que da más fuerza sentirse amado, que creerse fuerte. Eso es lo que les diría.

P) ¿Qué les diría a los terroristas? R) Que dejen de matar, por el amor de Dios.

P) ¿A los armamentistas? R) Yo he venido a traer la paz y no la guerra.

P) ¿A la izquierda burguesa? R) Libertad, igualdad y fraternidad, paternidad, leído por este orden: Paternidad, fraternidad, igualdad, libertad

P) ¿A los dictadores de la Tierra? R) *Vade retro Satana.*

P) ¿A *mister* Trump? R) Lo mismo, pero no sólo a él, pues su nombre es Legión, como los endemoniados de Gerasa.

P) ¿A Bill Gates? R) Que el primer comunicador es Él y que San Pablo era trilingüe, ciudadano del imperio, ciudadano romano, era judío, sabía griego, hebreo, latín. Pero por encima de todas esas lenguas amó desmesuradamente hasta la muerte. Si sé todas esas lenguas, pero me falta el amor, de nada me sirve.

P) ¿A un miembro del Parlamento Europeo? R: Que de vez en cuando, los silencios son necesarios y que la verdadera voz es la voz de los sin voz. Que no hablen tanto y tan retóricamente respecto de sí mismos como engolados y enfatuados reales pavos democráticos, y que callen para escuchar la voz de los pobres, de la viuda, del huérfano y del extranjero.

P) ¿Qué le diría al papa? R) ¡Hijo mío!

P) ¿Compraría en las rebajas? R) Jesús no tenía en donde reclinar la cabeza. Jesús tenía treinta años al morir y siempre caminando y con una sola túnica, y cuando llegaba la noche la pondría debajo de un olivo del Mediterráneo, su tabernáculo, su morada, y a la mañana siguiente, ligero de equipaje, de nuevo a desalambrar. Ya Sócrates, que no es Jesús, dijo por aquellas calles abarrotadas de Atenas ¡cuán poco es lo que necesito, y aquello poco, que poco lo necesito!

P) ¿Entonces jugaría a la lotería todas las semanas? R) No, ya bastante "lotería" es que le haya tocado el amor del Padre y que su presencia entre nosotros sea la que es. Jesús se jugó su lotería por nosotros en la cruz.

P) ¿Saldría por las noches de marcha? R) Pero si siempre estaba de marcha, iba a visitar a los leprosos, a las prostitutas, a los locos extrarradiados que residían en los cementerios, fuera de la *City*. Yo me imagino a Jesús con piernas fuertes de mucho caminar, ese es el jubileo. Siempre de jubileo: liberando y caminando.

P) ¿A quién votaría Jesús en las próximas elecciones? R) ¿Votar? Voy a hablar como si fuera un loco: Yo sólo voté una vez en la vida para pasar de la dictadura de Franco a la dictadura democrática. Soy anarquista, y mi reino no es de este mundo. Votar es trabajar lo cotidiano en contra del desorden establecido, del cual no ha de quedar piedra sobre piedra. Votar no es parlamentar, sino confraternizar fratriarcalmente en una comunidad de hermanos.

P) ¿Crees que se hubiera casado? R) Pues si hubiera encontrado una muchacha que le gustara, igual sí.

P) ¿Qué personaje de nuestra época sería un buen amigo? R) De toda la humanidad, especialmente de los más pecadores, de las prostitutas que nos precederán en el Reino, de los *anawim*, tan conscientes de su propia pobreza que saben que solo Dios salva y no el mérito, no la gimnasia para la tonificación de los músculos aburridos, no la santidad por la fuerza de hacerse santo en el gimnasio. Jesús ha vencido sobre la muerte, resucitado de entre los muertos y de lo muerto que hay en cada uno.

P) ¿Iría a misa los domingos? R) Pues claro. Va a misa los domingos, es la Eucaristía.

P) ¿Seguiría aún confiando en el ser humano? R) ¿Quién, si no? Confiando en su capacidad de cambiar. «En aquel tiempo se le acerca un leproso suplicándole y, puesto de rodillas, le dice: si quieres, puedes limpiarme, *si vis, potes me mundare*». ¡Claro que "puede"! ¡Y además "quiere"! «Quiero; queda limpio», y le desapareció la lepra. Los sucios vamos a Jesús a pedirle que nos cure, porque estamos enfermos de gravedad. Con ello ha desencadenado un proceso de ruptura, la voluntad de Dios es destruir la barrera que separa puros de impuros. «Luego le despidió: "mira, no digas nada a nadie, sino vete, muéstrate al sacerdote y haz por tu purificación la ofrenda que prescribió Moisés para que les sirva de testimonio". Pero él, así que se fue, se puso a pregonar con entusiasmo y a divulgar la noticia, de modo que ya no podía Jesús presentarse en público en ninguna ciudad, sino que se quedaba a las afueras, en lugares solitarios. Y acudían a Él de todas partes»[62]. Jesús no se va al despoblado para evitar la muchedumbre, sino porque él mismo se ha hecho impuro, ha tocado a un leproso intocable, está contaminado, ha abolido la distancia entre *nosotros* y *ellos*.

P) ¿Y no tendrá tentaciones de cargar contra sus hermanos, los seres humanos, a la visa de ciertos espectáculos? R) ¡Qué va, hombre, antes que eso volvería a nacer para seguir educando!

P) ¿Quieres añadir algo? R) Bueno, yo cuando digo algo lo empeoro, pero sí por lo menos déjame musitar alto:

---

[62] *Mc.* 1,40-45.

"¡qué duro oficio el tuyo, Dios mío!". ¿Me permites que intente ayudarte una vez más, aunque siempre lo empore?

P) ¿Te llamará Dios para que le ayudes? R) Él tiene mi *ridiculum vitae* desde que nací, y pese a ello no cesa de llamarme a toda hora, lo que pasa es que siempre estoy muy ocupado y no descuelgo…

El duro oficio de ser hombre

«Yahvé Dios hizo brotar del suelo toda clase de árboles deleitosos a la vista y buenos para comer, y en medio del jardín el árbol de la vida y el árbol de la ciencia del bien y del mal... Tomó, pues, Yahvé Dios al hombre y le dejó en el jardín del Edén, para que lo labrase y cuidase. Y Dios impuso al hombre este mandamiento: "de cualquier árbol del jardín puedes comer, pero del árbol de la ciencia del bien y del mal no comerás, porque el día que comieres de él, morirás sin remedio"». Pero el hombre desoyó a Dios: «la serpiente era el más astuto de todos los animales del campo que Yahvé había hecho. Y dijo a la mujer: "¿cómo es que Yahvé os ha dicho: no comáis de ninguno de los árboles del jardín?" Respondió la mujer a la serpiente: "podemos comer del fruto de los árboles del jardín. Mas del fruto del árbol que está en medio del jardín, ha dicho Yahvé: No comáis de él, ni lo toquéis, so pena de muerte". Replicó la serpiente a la mujer: "de ninguna manera moriréis. Es que Yahvé sabe muy bien que el día en que comais de él, se os abrirán los ojos y seréis como dioses, conocedores del bien y del mal". Y, como viese la mujer que el árbol era bueno para comer, apetecible a la vista y excelente para lograr sabiduría, tomó de su fruto y comió, y dio también a su marido, que igualmente comió. Entonces se les abrieron a entrambos los ojos, y se dieron cuenta de que estaban desnudos; y cosiendo hojas de higuera se hicieron unos ceñidores.

Oyeron luego el ruido de los pasos de Yahvé que se paseaba por el jardín a la hora de la brisa, y hombre y mujer se ocultaron de la vista de Yahvé. Yahvé llamó al hombre y le dijo: "¿dónde estás?". Éste contestó: "te oí andar por el jardín y tuve miedo, porque estoy desnudo; por eso me escondí". Él replicó: "¿quién te ha hecho ver que estabas desnudo?, ¿has comido acaso del árbol del que te prohibí comer?". Dijo el hombre: "la mujer que me diste por compañera me dio del árbol y comí". Dijo, pues, Yahvé Dios a la mujer: "¿por qué lo has hecho?" Y contestó la mujer: "la serpiente me sedujo, y comí"»[63].

El malo demoniza y sataniza la realidad (*satán*: en hebreo, acusador; *diábolos*: en griego, calumniador) y es antagonista de Dios y de los justos. Quien peca «procede del diablo»[64]..

En el instante mismo de la fundación del mundo social, la mentira, la serpiente, lo demoníaco, se erigen en violencia fundadora, de tal modo que cualquier futura sociedad vivirá en lucha contra sí misma. Siempre igual; en adelante las distintas generaciones y los distintos individuos repetirán el pecado cada vez que la mentira surja. La mentira irá creciendo, y al primer pecado original se añadirán otros. Por el pecado de Adán entró la pecaminosidad en el mundo. El pecado de Adán fue suyo, pero al cometerlo lo convirtió en arquetípico, porque dejó al descubierto la estructura misma de la humanidad, que desde entonces reitera su pecado originario.

---

[63] *Gn* 3, 1-13.
[64] 1 *Jn* 3,8,

Por el pecado entra asimismo la muerte en la humanidad, que sin embargo había sido creado por Dios para no morir: «por haber escuchado la voz de tu mujer y comido del árbol del que Yo te había prohibido comer, maldito sea el suelo por tu causa: con fatiga sacarás de él el alimento todos los días de tu vida. Espinas y abrojos te producirá, y comerás la hierba del campo. Con el sudor de tu rostro comerás el pan, hasta que vuelvas al suelo, pues de él fuiste tomado. Porque eres polvo y al polvo tornarás»[65]. Adán pecó porque transgredió una prohibición divina al desear algo para sí y contra Dios. No quiso respetar las leyes de Dios, pues en el fondo de su corazón se dijo a sí mismo: "¿por qué no rechazas toda norma proveniente de los demás, aunque sea de Dios?". Y entonces se autoerigió en deidad luciferina de sí misma al degradar la sana vocación de investigar en curioseo degenerativo. Desde entonces, muerte arrastra más muerte. Caín no comprendió que la pregunta por su hermano era también la pregunta por sí mismo, pues ¿cómo puede uno mismo seguir siendo el que era después de haber matado al hermano?, ¿quién llega a ser aquel que destruye la relación?, ¿puede seguir siendo Caín el mismo Caín tras haber roto lo que le hace ser?, ¿cómo restablecer la unidad perdida?

El odio es el sentimiento perturbador que resulta del deseo de dañar o destruir lo odiado. Hay quien parece no saber vivir sino odiando, destruyendo; entonces ha vencido sobre él la muerte. Cada odiador da lo que tiene y erupta de lo que bebe. Caín terminó asesinando a su hermano Abel y a través de Henoc, hijo de Caín, de Irad, hijo de Henoc, resuena acusador y restallante sobre todos nosotros el eco de esta pregunta vertida en una tierra permanentemente dividida, que

---

[65] *Gn* 3, 17-19.

muchas veces, incluso cuando dice tener pretensiones de justicia, igual que todo un tribunal hubiese sido un verdugo.

El hombre, incluso como pecador, supera a toda criatura en algo que tiene de común con Dios: ser sujeto, ser racional; aun como pecador no deja de ser aquel con el que Dios puede hablar. La responsabilidad es siempre responsabilidad ante Dios.

Si el hombre es persona antes del pecado, después es persona antipersonal. El pecado no anula la responsabilidad, al contrario, la testimonia en su quiebra, en su no-cumplimiento, en su frustración; pero, sin la libre capacidad de responder, sin la libre responsabilidad, tampoco se hubiera producido el pecado. Para bien o para mal, qué respondamos es cosa nuestra: este requerimiento, que nos hace responsables, nos presupone como seres espirituales, libres, autónomos. Es en esta libertad respondente donde tiene lugar la alternativa decisiva: o la plenificación esponsal que es respuesta en el sí del amor, o la destrucción de la relación vinculante. Pues el poder de responder es de naturaleza bifaz: puede conducir a la diestra del amado, o al abismo. La caída en el pecado no tiene como consecuencia el cese de las responsabilidades, sino que cesa de entender debidamente su responsabilidad y de vivir responsablemente. El pecado, lejos de orillar la responsabilidad, es por el contrario testimonio de la responsabilidad establecida por Dios mismo.

Dios no creó robots, sino humanos dotados de libertad y responsabilidad co/creadoras para modelar su propia vida, aunque esa libertad conllevase también el posible pecado. «Y dijo: "voy a exterminar de sobre la haz del suelo al hombre que he creado, desde el hombre hasta los ganados, las sierpes, y hasta las aves del cielo, porque me pesa haberlos hecho". Pero Noé halló gracia a los ojos de Yahvé»[66], el varón

---

[66] *Gn* 6, 5-8; *Gn* 6, 5, *Gn* 6, 13.

más justo y cabal de su tiempo[67]; «contigo estableceré mi alianza: entrarás en el arca tú y tus hijos, tu mujer y las mujeres de tus hijos contigo. Y de todo ser viviente, de toda carne, meterás en el arca una pareja para que sobrevivan contigo. Serán macho y hembra. De cada especie de aves, de cada especie de ganados, de cada especie de sierpes del suelo entrarán contigo sendas parejas para sobrevivir»[68].

---

[67] Gn 6, 9.
[68] Gn 6, 17-20

Quien sabe de Cristo conoce al hombre

El cristianismo no fue una filosofía, ni vino a suplantar a los filósofos griegos. Cristo tampoco fue un filósofo, sino el Mesías, el Salvador. Ha nacido en circunstancias maravillosas, inexplicables por la razón. Lo habían anunciado los profetas de Israel. Sobre la tierra predicará amor entre los hombres, en la medida en que los ve como hijos de un mismo Padre. Para mofa de muchos ha muerto en la cruz, entre desgarradores gritos de angustia. Su reino no es de este mundo. Cristo es el Hijo de Dios, el Verbo del Padre que, encarnado realmente como hombre, venía a revelar y esparcir Su palabra, la palabra salvífica de un Padre invisible a los ojos de la carne, pero visible a los ojos de la fe. Ni una gota de filosofía en todo esto. Cristo hace hincapié en la fe: «el que creyere y se bautizare se salvará». Esta es su evangélica buena nueva.

Naturalmente, a su muerte comenzó a interpretarse este sencillo mensaje a la luz de la razón, tratando de entenderlo y de dotarlo de coherencia. Pero el mensaje fue dado gratuitamente y revelado por la fe. Cristo, hijo de un humilde obrero, no asistió a cursos ni buscó doctorados en la Academia. Cuantas veces lo acorralen publicanos, fariseos, saduceos, doctores de la ley, tantas otras veces saldrá de las preguntas sofisticadas con ese aire de sencillez poco académica del hombre sabio: «dad al César lo que es del César». Era la hez social, el leproso, el pescador, el pueblo sencillo, la sal de la tierra, la que iba a recibir su mensaje, pues en quien sufre y necesita ser salvado está la acogida del amor salvador. No hay entre los apóstoles grandes sabios: son gentes del campo y de la mar principalmente; en sus bocas son puestas las máximas más sorprendentes: «ya no hay libre ni esclavo, hombre ni mujer, gentil ni pagano, bárbaro o griego». Todo el que lo desee será uno en Cristo el Señor.

A la defensa de la dignidad radical del ser humano, huella del Padre, a la liberación de los oprimidos de la humanidad, al anuncio del monoteísmo que arrumbaba al viejo politeísmo idolátrico, a todo ello no llegó Cristo llevado por la filosofía, ni todo ello fue fundamentado académicamente.

Los griegos nunca alcanzaron por la mera razón el elenco de novedades radicales introducido por Cristo. Lo más que lograron en sus momentos teóricos de mayor espectacularidad fue pensar en la necesidad de un Primer Motor Inmóvil, pero no en un Dios Padre creador de todo lo visible e invisible, por el contrario, perfilaron una especie de maniqueísmo cosmológico justiciero en donde el amor tenía que vencer al odio, pero nunca entendieron el amor incondicional como eje de la existencia. He ahí por qué los griegos nunca hubieran podido pensar en la hermosa parábola del hijo pródigo, donde Dios es Padre. Lo demás es poner una vela a Dios y otra al diablo.

Si Adán introduce la muerte, Cristo resucita eternizando. Se halla el descendiente de Adán expulsado del jardín del Edén. Pero el Nuevo Testamento habla ya de una segunda creación, donde la presencia de Cristo en la tierra restaura totalmente al hombre caído. Es posible, pues, mirar con optimismo la tierra restaurada, volver a ser. Sólo desde ese nuevo Edén así reconocido y restaurado que ya ha rebrotado, aunque todavía no se ha consumado en plenitud, puesto que al fin y al cabo todavía está situado en la tierra donde Adán continúa muriendo, sólo desde ahí cabe esperar el definitivo acceso al Paraíso Eterno, a la Nueva Jerusalén. Dios vuelve a perdonar infinitamente porque sobreabunda en amor fiel e incondicional: «en esto consiste el amor: no en que nosotros hayamos amado a Dios, sino en que Él nos amó y nos envió a su Hijo como propiciación por nuestros pecados»[69]. El fundamento de nuestra esperanza, y por tanto en última instancia el motivo del optimismo fundado, radica en la Resurrección de Cristo, y por eso Pablo escribía en la Epístola a los Romanos: «por tanto, como por un solo hombre entró el pecado en el mundo y por el pecado la muerte y así la muerte alcanzó a todos los hombres, por cuanto todos pecaron; —porque, hasta la ley, había pecado en el mundo, pero el pecado no se imputa no habiendo ley; con todo, reinó la muerte desde Adán hasta Moisés aun sobre aquellos que no pecaron con una transgresión semejante a la de Adán... Pero con el don no sucede como con el delito. Si por el delito de uno solo murieron todos ¡cuanto más la gracia de Dios y el don otorgado por la gracia de un solo hombre Jesucristo, se han desbordado sobre todos!»[70]. Y en la Primera Epístola a los Corintios añadía: «porque habiendo venido por un hombre la muerte, también por un hombre viene la resurrección de los muertos. Pues del mismo modo que en Adán mueren todos, así todos revivirán en Cristo»[71].

Por aquel Viernes Santo pudo advenir el Domingo de Resurrección. En los orígenes había Dios constituido a Adán en cabeza de su raza, entregándole el mundo para que lo dominara. Al final de los tiempos el Hijo de Dios hecho hombre ha entrado en la historia constituido en cabeza de la

---

[69] *1 Jn* 10.
[70] *Rm* 5, 12-16.
[71] *1 Cor* 15, 21-2

humanidad rescatada, porque Cristo, teniendo en sí la plenitud del Espíritu[72], lo comunica a los otros hombres para renovarlos interiormente y hacer de ellos una nueva.[73] Esta nueva creación, inaugurada en Pentecostés, no ha alcanzado todavía su definitividad. El hombre recreado interiormente gime en espera de la redención de su cuerpo el día de la resurrección. ¿Camina la historia hacia estos nuevos cielos y esta tierra nueva?[74].

Por la muerte y resurrección de Cristo, la creación entera recibe el don que había perdido: sólo personas nuevas pueden alumbrar una humanidad renovada. Hombre nuevo es quien está en Cristo en una nueva creación; pasó lo viejo, todo es nuevo. Y todo proviene de Dios, que nos reconcilió consigo por Cristo[75]..

Cristo, Dios y hombre verdadero, muere perdonando a quienes le matan. El máximo dolor de la cruz es el lugar de más grande energía en el perdón. Quien lleva la cruz de Cristo puede llevar la suya propia y la de los demás, porque es de la Cruz de Cristo de donde emana la irrestricta gracia universal.

Tras su muerte de cruz, Jesús desciende a los infiernos, al reino de la muerte. El Hijo del Padre Omnipotente, Jesús, sin haber pecado, carga con todos los pecados del mundo descendiendo para ascender —ya con ellos sanados— con las gentes que habían estado deshechas y desechadas. Jesús se erige en el especialista absoluto y único en recoger inmundicias para salvarlas. Jesús resucitó de entre los muertos (*nekrón*). ¿Quién no tiene en su yo psicofísico algo de *necro*sado, de muerto, algún padecimiento? Al resucitar de entre los muertos Jesús destruyó toda muerte, todo lo que en nosotros estaba muerto, todas nuestras inmundicias. Y eso sin

---

[72] *1 Cor* 15, 21-2.
[73] *Rm* 8, 14-17; *Gál* 3; *Jn* 1, 12.
[74] *2 Pe* 3,13.
[75] *2 Co* 5, 17 ss

que nosotros hubiésemos movido un solo dedo para merecerlo. Si el cristiano no supiera agradecer esto al Señor Resucitador ¿cómo podría agradecer algo a alguien? Si Cristo no hubiera resucitado, nosotros tampoco, y entonces vana sería nuestra esperanza y nuestra fe. Pero ha resucitado. Partiendo de la certeza de que aquél que resucitó a Jesús de la muerte nos llevará también a nosotros consigo a la vida eterna, la frontera entre la vida y la muerte pierden su consistencia.

Jesús resucita al tercer día, cuando ya todo se había consumado, no antes, sin ahorrarse hora amarga alguna; si murió a tumba abierta, a tumba abierta resucitó. Oración para el cristiano sencillo: Señor, ayúdame a resucitar esta mañana en todo lo que de muerte pudiera acaecerme durante el día. La resurrección de quien se deja salvar por el Resucitado ocurre gota a gota, día a día, hasta el día de la resurrección final.

Esperamos la resurrección definitiva de los muertos, y el comienzo de una vida nueva totalmente restaurada ante el Amor absoluto que ya nos ha ido sanando día a día, pues la resurrección no es el premio al fracaso, sino el premio a la fidelidad manifestada en la prueba del fracaso. No tengamos, por tanto, miedo a los fracasos, sino a la infidelidad. Sólo Dios resucita. Al día siguiente de la muerte de la comunista Dolores Ibarruri, la Pasionaria, las calles de Madrid se llenaron con carteles con la leyenda *Dolores vive*. Pero ¿vive Dolores? Vivir en el recuerdo de los amigos es una forma metafórica de vivir; la única forma real de que Dolores viva de verdad es que Dios la haya resucitado de entre los muertos. No basta, aunque sea hermoso, con decir a la persona amada "mientras yo viva tú no morirás", pues cuando yo muera ¿quién te haría vivir? Sólo si existe un Amor absoluto e imperecedero que nos ame, sólo si ese es el caso, mientras Él viva viviremos nosotros. Pero sólo si existe Dios y lo salva.

Para quien asume la cruz de Jesús (la de Jesús, no sólo la de cada cual) no hay vida más gozosa. Perdonar es renunciar a tener la última palabra, sustituir el derecho por amor en favor de un amor sin derechos, permitir el inicio de una vida nueva, recordar lo ocurrido como perdonado, producir energía para el reencuentro, abrir futuro allí donde sólo había obsesión por el pasado acusador, regenerar lo que estaba necrosado. Bendito perdón setenta veces siete que favorece tanto a quien lo pide como a quien lo concede ejercitando el señorío del amor. Hay dos formas de ofrecer luz, ser lámpara o el espejo que la refleja; hay dos clases de personas, la de los justos que se creen pecadores, y la de los pecadores que se creen justos. Éstos carecen de la brújula de aquellos: la capacidad de sentir vergüenza y dolor por el mal causado.

La experiencia del encuentro con el resucitado es ahora ya el centro de la conversión y del perdón humanamente ejercidos. Hablamos de llevar la cruz de Cristo, es decir, de una experiencia de encuentro personal con Cristo muerto y resucitado. Cursillos de conversión, teorías, estudios, reflexiones pueden ayudar a la experiencia, pero no sustituirla en cuanto que punto de partida de la conversión, es decir, del encuentro con el Cristo resucitado, como aquel discípulo, Tomás, que necesitó ver para creer, pero una vez visto creyó: *¡Ho Kyrios mou kai ho Theos mou!*, ¡Señor mío y Dios mío! Sólo quien ha visto a Cristo puede mirar a los demás como Cristo le miraba. ¿No habremos convertido la Iglesia en una nursería o en un centro de *boy scouts*, de voluntariados blanditos y de ONG asistencialistas, que ya no son institución significativa porque les falta la experiencia de encuentro con el Señor de la historia?, ¿alguien se extrañará de que del *¡llamen al confesor!* hayamos pasado al *¡llamen a la ambulancia!?*, ¿bastará con pedir perdón por Galileo y con reconciliarse con Lutero, si no nos incorporamos activamente a la cruz de Cristo abandonando al becerro de oro? Aquel joven rico pregunta a

Jesús qué ha de hacer para tener en herencia la vida eterna y «Jesús, fijando en él su mirada, le amó y le dijo: "sólo una cosa te falta: vete, vende lo que tienes y dáselo a los pobres y tendrás un tesoro en el cielo; luego, ven y sígueme". Pero él, al oír estas palabras, se entristeció y se marchó apenado, porque tenía muchos bienes»[76].

[76] *Mc*, 10.

Dios relacional unitrino

A Dios Padre nadie le ha visto, sino a través del Hijo. En el Antiguo Testamento hay un antes y un después. Antes, Dios baja a conversar con el ser humano a la caída de la tarde, y Romano Guardini lo ha expresado bien[77]. Después del pecado, Dios le vuelve la espalda, pues los ojos impuros son indignos de contemplarle; incluso a los mejores (a Moisés en el Sinaí) tan sólo se les aparece en su fulguración, en su brillo, pero no en su *gloria,* como lo explica la obra homónima de Hans Urs von Balthasar.

El Nuevo Testamento permite ver el rostro del Padre en el Hijo. El cristianismo, al confesar que Dios es uno en esencia en tres personas (Padre, Hijo, Espíritu Santo), confiesa que quien ha visto al Hijo de Dios ha visto a Dios. Padre anicónico, Hijo diacónico, que sirviendo muestra la amorosa relación Padre-Hijo derramada día/icónicamente a través del Espíritu Santo. A iniciativa del invisible Padre, Don mismo, se da a conocer a los hombres en su propio Hijo y el Espíritu Santo. La Trinidad es donativa: Dios Padre, pura gratuidad, se hace *eu/jaristía* en Cristo, y evidencia en el

---

[77] *Ética*, BAC, Madrid, 1998.

Espíritu Santo la dimensión pneumatológica de la Gracia a toda la humanidad de buena voluntad: el gozo del compartir, la alegría, la felicidad de ayudar a sanar compartiendo el bien.

Y es el don de Dios uno y trino el que, con sus distintos *caris*mas o manifestaciones de gracia, abre la larga marcha de la humanidad, la cual se convierte en historia por el amor de ese Don mismo: Habéis recibido gratis, dadlo gratis[78], sin que la mano derecha se entere de lo que hace la izquierda: «amaos como yo os he amado»[79], con una entrega universalizada: «amarás al prójimo como a ti mismo»[80], y tan importante es esa invitación que «en este solo precepto están contenidos todos los demás»[81]. El amor deviene el signo que permitirá distinguir al discípulo de Cristo[82].

De este don gratuito emerge la comunión o común unión, con «un solo corazón y una sola alma»[83]. Cuando se ha recibido tanto de Dios, todo cálculo, toda estrechez de corazón resultan escandalosos[84], y por eso ha de mantenerse vivo el recuerdo de los beneficios divinos[85] para hacer lo mismo con el prójimo necesitado: da a quien te pida[86]. Comunión tal se traduce en acción de gracias: «bendice a Yhavé, alma mía, no olvides sus muchos beneficios»[87].

---

[78] *Mt* 10,8.
[79] *Jn* 13,34; 15,12.
[80] *Gal*, 5,14.
[81] *Rm* 13, 8-9.
[82] *Jn* 13-35.
[83] *Hch* 4,32.
[84] *Mt* 18,32 ss.
[85] *Dt* 8,11-16; 32-18.
[86] *Mt* 5,42.
[87] *Sal* 103,2.

El hueco del abismo

Javier Sicilia, mi viejo amigo de *Imdosoc*, ya no pudo volver a ser el mismo tras el vil asesinato de su hijo Juan Francisco a manos del crimen organizado en México; fundó en marzo de 2011 el Movimiento por la Paz con Justicia y Dignidad que lo condujo a marchar por todo el país en una verdadera cruzada para conjurar la normalización de la violencia. Estas son algunas de sus palabras: «¿por qué dejé de escribir poesía? La pregunta —que se me ha hecho infinidad de veces, una pregunta que la propia poesía y la filosofía no dejan de hacer a todos los poetas que, como Rimbaud, Hölderlin o Celán, se han sumido de diferentes maneras en el silencio—, carece en el fondo de sentido. Alguien calla porque algo lo rebasó. Es todo. Su silencio, lo incomunicable que se instaló en él, es su respuesta. Sin embargo, esa respuesta, que debería bastar, no es suficiente en el caso del poeta.

Cuando el mal cayó en mi vida de manera brutal en el asesinato de mi hijo Juan Francisco y de sus amigos, el sufrimiento y el silencio se me impusieron de manera inmediata y perentoria. Ante esa experiencia —la muerte de un hijo—, para la cual los milenios de humanidad no han podido forjar una palabra que la contenga, las cosas dejaron de resonar en mi interior, como si estuvieran vacías. Lo único que había allí, que continúa estando allí, es, como lo he escrito varias veces, una sensación de desarraigo de la vida que se parece a (un estado atenuado de) la muerte y que resuena en la carne como un sufrimiento físico en donde falta el aire y duele el corazón; una especie de desorden biológico y psíquico (producido) por la liberación brutal de un amor cuyo objeto (me había sido) brutal e injustamente arrancado y cuyo ultraje me había abierto, en medio de la impotencia, a un vacío tan oscuro como la muerte misma. Un estado que la tradición cristiana ha llamado derrelicción y que Simone Weil —otra que también terminó por asumir el silencio— llamó con un lenguaje más directo la "desdicha". Después no he dejado de escuchar ese mismo sufrimiento en boca de otros padres, de otras madres, y detrás de él la misma angustia, la misma desolación, el mismo hueco que no encuentra la palabra para decirse. Uno cierra entonces los ojos cada noche y mira a unos muchachos asustados —uno de ellos mi hijo— frente a unos tipos armados que los golpean, los humillan, los vejan y finalmente van ejecutando uno a uno asfixiándolos con bolsas de plástico. Mira a una adolescente violada durante varios días enteros por otros seres humanos y luego arrodillada, frente a la fosa que cavaron para ella, decapitada brutalmente. Allí, en medio de esas imágenes que sucedieron, pero que siguen sucediendo en el presente de la memoria, que se te imponen como si se hubieran grabado para siempre en la carne, el horror, el temor, la angustia, los ojos abiertos y el cuerpo paralizado de terror, junto con una profunda sensación de culpabilidad y suciedad —la misma que debería sentir el criminal y que no siente— se apoderan de ti. Abres los ojos en medio del sobresalto y del ahogo del grito y lo que miras es la noche, la oscuridad de la noche y el silencio inmenso detrás de la angustia que te acompañó a lo largo del día y que el consuelo, el abrazo de otros, el amor, atenuaron poco.

¿Qué sucede cuando el icono es abatido? Que ya no hay mediación posible. Cuando asesinaron a mi hijo y a sus amigos, ese icono, esa presencia de Dios en mi vida, quedó destrozada. No hay ya y no ha habido palabra que pueda dar cuenta de ese horror y, al mismo tiempo, del misterio de Dios. Llegado a esos límites donde el mal irrumpe con toda la fuerza de su no significación, lo que queda es la oscuridad abisal de donde surge un rumor ininteligible cuyo sonido es el silencio. Es la experiencia atroz del viernes y del sábado santos en donde la palabra encarnada, después de haberse vuelto maldición en la cruz, desciende bajo el silencio de Dios y de los hombres —es el único momento en la liturgia cristiana en donde la palabra de la misa guarda silencio— a la oscuridad de la tumba. No es el vacío de donde emana la palabra, un vacío, un hueco blanco, sino el hueco oscuro, a donde, a causa de la violencia del mal, vuelve todo y aguarda en una esperanza tan oscura como el hueco al que descendió. Nada hay allí que pueda contener la palabra degradada.

Yo sé que detrás de esta noche de la fe —como si una especie de oscuro saber traspasara la tiniebla absoluta en la que mi experiencia sensible se encuentra— que mi Juanelo, y todos los inocentes muertos, habitan en la resurrección. Sé, sin embargo, también, que en este lado de la tiniebla yo me encuentro, como el espectador de los cuadros negros de Rothko y el poeta que recita frente a ellos sus poemas más extremos, en el límite del sentido, y que delante de esa tiniebla no puedo ya decir nada. Mi lengua, al menos mi lengua sagrada, no alcanza a articularse bajo el peso de la asfixia. Está, frente a la oscuridad del viernes y del sábado santos, o mejor, frente al hueco del abismo, tratando de escuchar el rumor de luz que viene de su fondo, el aleteo de la resurrección de una nación y de un lenguaje que se difiere densamente en el tiempo y se sostiene únicamente "en el brillo desnudo de la nada", por el puro hueco del amor.

Un poeta, al menos el poeta que yo soy, a pesar de haber sido asfixiado en su decir poético fundamental, el poema, o de haber renunciado a él (en un mundo donde la palabra ha sido degradada por la mentira y el crimen, el mejor poema es el no escrito) no deja de ser, sin embargo, un poeta. El *vocatus* que lo posee, y que es inseparable del amor lo hace seguir mirando y sintiendo paradójicamente desde allí, y al hacerlo expresa el amor con otro lenguaje, sobre todo el de la carnalidad —un beso, un abrazo, el llanto compartido en medio de la compasión— y el del discurso que trata de recordar, si no fragmentos del significado del ser, que quedó en el silencio de la noche, al menos los significados de la *polis* extraviados en el mal y su barbarie.

Como Job, pero de manera atenuada, porque el amor de los hombres ha compensado algo de mi desdicha, es necesario que continúe amando o queriendo amar frente a esa noche, frente a ese hueco donde los significados ya no son débiles y sólo habita la verdad del silencio. Quizá un buen día, como se le concedió a Juan Gelman —quien en un breve y hermoso poema me lo aseveró, él, que sufrió lo que yo y cada víctima del mundo— el rumor de Dios que viene de la noche, del abismo sin fin, me vuelva a revelar la belleza, el icono de Dios, y entonces la palabra del poema vuelva a desatarse en mí, una palabra que quizá, como dice Humberto Beck le sucedió a Celan, deba incorporar "el silencio, el lenguaje, y algo más que los excede: la exterioridad absoluta de lo totalmente otro". O quizá no, y sólo se me conceda abismarme en el silencio de la contemplación donde —semejante a Hölderlin o a alguien que ha decidido quedarse en la capilla Rothko mirando esos iconos vacíos— aguarde el milagro de la presencia destruida: el rostro de la resurrección»[88].

---

[88] Sicilia, J: *Aproximaciones a un tiempo del fin.* Cetys Universidad. Mexicali, 2024, pp. 293-311.

Javier Sicilia, por el momento el último anarquista cristiano que se reconoce como tal, uno de los más connotados novelistas y escritores de México desde hace tiempo, a pesar de todo no haya dejado de escribir poesía, porque su alma es total y absolutamente poética, por lo cual me permito seguir teniéndole por grande, pues poesía y sólo poesía, poesía mística incluso, es la prosa que acabamos de leer, con la que deseo para ustedes una feliz Semana Santa de la muerte y resurrección que, al menos los enamorados del señor Jesús, confesamos en el Credo.

Homilía sobre las homilías

Un homiliario es un libro de homilías, y su autor un homiliasta, homilista, u homeleta. Una homilía es el sermonazo que me echan los que me molestan, pero no el que uno echa a los demás con idéntico resultado. Sin embargo, la homilía pertenece al género parenético o exhortativo moral o religioso, y a veces ambas cosas al mismo tiempo, dada la relación íntima entre las convicciones éticas y las religiosas, se encuentren o no ellas enemistadas entre sí.

Las homilías son discursos de diverso calado. Muchas veces quienes se suben al púlpito están vacíos de pálpito, y su presunta oratoria —sagrada o profana— es la de Fray Gerundio de Campazas, alias Zote, vana, banal, pesada, repetitiva, con hipérbaton o discurso demasiado largo, gritona, gesticulante, apocalíptica, tonitronante cual Zebedeo con férula y látigo de dómine, causando la desbandada del personal, que se pregunta: "¿por qué nos culpa a quienes venimos, mientras los ausentes se van de rositas?".

Tampoco faltan homiliastas del tipo *omelette* o tortilla francesa, blanda, suave, para convalecientes de hospital, para enfermitos sin mordida, untuosas terapias que huelen a cerrado y a sacristía. Si la sal se vuelve sosa, sólo sirve para que la gente la pise. Unamuno lo sabía, y arrojaba puñados de sosa cáustica a los tibios para que despertasen. Homilía que no despierta, adormece. Afortunadamente, otras veces son potentes piezas oratorias brillantes en la forma y hondas en el fondo, tan magistrales que pueden llevarnos a cambiar de vida dando fuelle a los pulmones apagados.

No hay convicción sin apostolado, como lo fueron el anarquista Fermín Salvoechea, "apóstol de Andalucía", o Melchor Fernández, el "ángel de las cárceles", y ello sin necesidad de bomba, porque el terrorismo, religioso o antirreligioso, aberra. Indudablemente quien alberga convicciones y las profesa, tiene el deber de soportar las ajenas. Fuera de los no emotivos pasivos secundarios, todos manifestamos lo que somos o deseamos ser con mayor o menor capacidad de convicción y de profundidad y belleza.

Cicerón, un homiliasta excepcional, evitaba la macrología prolija que nunca ve el momento de terminar, pues resume lo resumido y vuelto a resumir, y por supuesto también huía de las perisologías del tipo "¡viva Pedro y no muera!", y de las perífrasis o circunloquios, así como de las catacresis o aplicaciones a una palabra de un sentido que no es el suyo. A determinadas gentes tan tiquismiquis como yo mismo se nos pone la mosca de la sospecha tras la oreja, pues no puede ser profundo lo que es feo, a mala forma malos contenidos. Un sermonazo mal preparado, improvisado superficial, me pone de los nervios.

Todo esto depende de los temperamentos y de los modos de ser, de la formación, del gusto por lo bien hecho, y sobre todo del respeto a la audiencia. Quien no sabe hablar debería callar, dijo Wittgenstein. A mí personalmente me encantan quienes tajan la pluma y trinchan la perdiz sin marearla, como mi amigo Juan Luis Ruiz de la Peña, el mejor teo/escatólogo de nuestro país que tenía por norma escribirlas sin extenderse un minuto más de los siete, como los rétores clásicos, por su capacidad de armonizar belleza y profundidad. Lo bueno si breve dos veces bueno, lo malo si extenso dos veces malo. También me encantan la paronomasia, utilización de palabras de sonido muy parecido, pero de significado diferente, lo cual puede resultar bastante lioso, dado mi defecto de no renunciar a una palabra bien dicha ni siquiera ante un público analfabeto, lo que me sitúa en la antítesis del "puesto que el vulgo es necio hablémosle en necio". Pero necio es quien se acomoda a lo necio.

Lo que no sin elipsis podría yo llamar "mi propio proceder homilético" es el de cocear contra el aguijón y resistir, aunque pierda las herraduras. A eso lo denominaban los clásicos *paremia*. El libro aristotélico *Perihermeneias*, rizando el rizo con la pluma de su inteligencia sobre cómo interpretar las interpretaciones, es un sobrio homiliario. Pero cuán tristes son la anfibología, la ambigüedad, las homilías elegiacas, el treno que cierra con pretendidos broches de oro de algún epitafio sobre cenotafios. Cuando el contenido es malo de solemnidad, no hay épica, lírica, ni dramática que lo soporten; los entimemas o silogismos imperfectos de los demagogos son las peores homilías.

Por la boca muere el pez y quien censura las deficiencias ajenas queda obligado a evitarlas o a repetirlas. Ojalá que mis homilías no sean más de lo mismo, aunque me conformo con que sirvan de *isagogé* o introducción a algo mejor. Espirse, hincharse, o envanecerse por el poder de la propia labia es de necios. Se dice que Dídimo, gramático alejandrino (80 a. C, 10 p. C.), escribió unas 4000 obras, pero cada una de ellas no pasaría de cuatro o cinco páginas. La mayoría de los homilistas no pasamos de monos a una tarima encaramados, hacedores de epitalamios o poemas para quienes se casan y parten la tarta, copistas o bibliopolas cuando peroramos, o escribas cuando escribimos.

A san Agustín se le protestaba cuando sus homilías duraban menos de dos horas, y no pocas fieles iban preparadas con su silla con orinal incluido por si tenían la fortuna de que el sermón se alargase. Don Fidel Castro agarraba el hilo de sus barbudas peroratas y las ahogaba en palabras. Temamos también a quienes comienzan con un "seré breve", pues ganas dan de gritarles: "¡a ver si es verdad, recuerde mirar de vez en cuando al reloj de la pared!". Alegra ver finalizar al orador a la hora en punto, ni un minuto más, esté como esté el sermón, cumplir: "les prometí una hora, y no habiendo sabido ser más exacto, dejo a ustedes la alegría de terminarlo". Créanme, siempre lo hago para satisfacción de todos, pues quien en una hora no ha sabido sino arrancar a duras penas el motor no merece hacer perder más tiempo a sus víctimas en largos tours.

Puedo comprender que al homiliasta le arrojen tomates y huevos podridos, pero no la fidelidad con que los ciudadanos de la cesta vacía acuden a votar a sus esquilmadores, ¿es que no hay nadie que sepa explicar que la desobediencia civil no violenta hace a los pobres más dignos y libres?

Apología de la carne
sin burla para los vegetarianos

Mano caliente que pide otra mano buscando nalga en el antro encuentra postizas nalgas operadas: "te tengo una mala noticia, te estás acostando con una máquina", dijo el androide. "Ah, ¿tú también?", responde la feminoide de pilla a pillo. Pero los lugares más bajos de nuestro organismo están en el rizo de la razón superior; por tanto, en vez de ver la razón aquí y la emoción ahí, la emoción interfiere en la razón y con ella. *Cuerpo* y el *espíritu* no son dos personajes de una figura coreográfica. La persona es un cuerpo con igual título que es espíritu, todo entero cuerpo, y todo entero espíritu. La persona es una tensión entre sus tres dimensiones espirituales: la que sale de lo bajo y se encarna en un cuerpo; la que se dirige hacia lo alto y lo lleva a lo universal; la que se dirige hacia lo extenso y la lleva hacia una comunión. El cuerpo, lejos de ser un objeto desechable o un instrumento para encajar dinero, sexo o alcohol —ello rebaja su dignidad— dice su palabra: «yo no me sirvo de mi cuerpo, yo soy mi cuerpo» (Gabriel Marcel). Estamos cansados de cuerpos orales-anales reducidos al trasiego *intestinal-anal,* panza, libro cuajar y redecilla, bien publicitado, ya se sabe, comer y cagar vida ejemplar. Esta ridi*culi*zación del cuerpo, este vaciamiento de la carnalidad reduce el cuidado *de sí mismo* al *master en dietología*. En el asfixiante círculo del *cuerpo/vientre-alcohol/orgasmo* de la ebriedad, al cuerpo le malcriamos hasta el punto de permitir su tiranía sobre nosotros, ya sea en nuestra propia persona o en la ajena. Naturalmente, no basta con cuidarse a sí mismo, es menester también *dejarse cuidar*.

El cuerpo es políglota, *cuerpo inteligente, carne* capaz de grandeza, capaz también de ascender, de construir catedrales góticas sin necesidad de bajar a los sórdidos urinarios públicos ni a los hoteles de paso. Y si la *carne* es luz, dime qué luz irradias, y te diré qué cuerpo tienes. Con benevolencia, y sabiendo cómo las gastaba Wilhelm Reich, podríamos concederle que la *libido* es *la energía cósmica primordial*, el *orgón*, responsable de la unión con el prójimo y con la naturaleza entera: es a la vez un panvitalismo y un pampsiquismo. La potencia orgiástica es la capacidad de abandonarse al *orgón*, flujo de la energía total y no meramente física; frente al pensamiento *acorazado* hay que potenciar un *pensamiento funcional abierto a la energía* móvil originaria, donde el placer no se disocie del cuidado del otro; hacer es *desplazar la energética a otro lugar* creando un arte libidinal capaz de liberar y no de esclavizar.

Dieta sí, pero *cambia de dieta*: habla menos por el móvil, chatea menos, ensordécete menos, pierde menos el tiempo, maquíllate menos, cotorrea menos, gasta menos en piruletas, consume menos, presume menos, usa menos el automóvil. Dedica más tiempo a los demás, escucha más, estudia más, se más honrado, sé más hombre y menos macho, se más mujer y no más oscuro objeto de deseo, sé más responsable con la vida. Y no olvides esta siempre vieja y siempre nueva máxima: "aunque la mona se vista de seda, mona es y mona se queda". O, para mejor corresponder a eso que llaman *equidad de género*, "aunque el mono se vista de seda, mono es y mono se queda".

No sea el de ustedes el grito atarzanado o tarzanesco "¡monas y monos de todos los países, únanse!".

A mala carne, peor espiritualidad, y a la inversa. A la espiritualidad clásica le va de la patada. La nueva espiritualidad ya no busca la trascendencia, sino la complacencia en la inmanencia narcisista. Después de la mala relación con el espacio y con el tiempo exterior el "espiritualista" actual ignora la espiritualidad del nosotros, del tú-y-yo. Las desgracias nunca vienen solas.

Dimensiones de la nueva espiritualidad. a) Búsqueda de lo trascendente en lo inmanente, no en el más allá objetivo venerable, sino en mí mismo, en el más acá que me satisface, no en el anhelo del Tú que me salva, sino del yo autocéntrico que quiere salvarse a sí mismo. *b)* Rechazo de cualquier forma de posible culpabilidad y reivindicación de la absoluta inocencia. *c)* Hostilidad frente al análisis racional, irracionalismo. *d)* Ausencia de sentido profético y solidario con la causa de los débiles y oprimidos de la tierra. *e)* Enaltecimiento de la creatividad, de la novedad, de las mezclas sincréticas que quitan y ponen a gusto del consumidor de espíritu. *f)* Práctica de ritos y ceremonias donde todos se convierten en oficiantes sin necesidad de mediaciones institucionales, ni de libros sagrados, ni de estructuras, autoridades o jerarquías, aunque la ausencia de tales normas de estabilidad no evite el chantaje afectivo del gurú, el fanatismo de sus seguidores, y la carencia de libertad para disentir desde la libre autonomía personal. *g)* Guerra contra la culpabilidad: *el cliente es una persona sana, no es un paciente porque no está enfermo*: "no se preocupe, lo suyo decrecerá con la edad" (es decir, que desaparecerá con la muerte, sabio presagio), "usted no tiene nada, lo que pasa es que es muy inteligente" (sólo los tontos están jodidos), "no sea usted tan pesimista" (ignore su pena con un optimismo barato comprable en cualquier esquina), "usted no, es la realidad la que está enferma" (como si yo no formase parte de la misma), "no hay enfermedad, luego usted no es un paciente" (si no estoy enfermo, ¿a qué he venido yo aquí con mi sufrimiento a flor de piel y por qué cobra usted?), "sólo hay enfermos físicos, pero las enfermedades psíquicas son imaginarias" (como si, en lugar de unidades psicosomáticas nuestros cuerpos fuesen por un lado y la mente por otra), "los sentimientos son amorales, por eso no existen ni buenos ni malos, ya sean básicos o derivados".

Si no existe una *patología de la enfermedad*, tampoco puede haber una *patología de la moralidad*. A fin de paliar el malestar de la persona que llega aterrada al consultorio, nada mejor que comenzar diciéndole: "Usted tranquilo, no ha hecho nunca nada malo, pues para empezar no existen hechos morales buenos ni inmorales malos en la comisión o decomisión de nuestros actos, todo es relativo y dependiente de las circunstancias; más aún que relativista, el hombre es un animal *nihilista*. A partir de ahí toda empatía con el atribulado "cliente" será poca: haga lo que haga o deje de hacer, usted queda declarado inocente, la inocencia es anterior al juicio y lo anula cuando se produce. Planteada de este modo, la psicoterapia se mueve al margen de las nociones de culpa, responsabilidad, pecado y perdón. En suma, en lugar de perdonar, *dis/culpar*, no reconocer la culpa.

Ahora bien, la eliminación de la conciencia moral conlleva la eliminación de lo humano mismo, reduccionismo que torpedea la línea de flotación de la propia psicoterapia humanista, cuya primera consecuencia es que ellos *son malos* cuando me atacan, siendo la *segunda* que mi *yo bueno e inocente* merece ser alimentado en el olímpico Pritaneo: ¿dónde quedó el "no existen los sentimientos morales, los sentimientos son amorales, ni buenos ni malos, sino *más allá de lo bueno y lo malo*"? Semejante contradicción ha venido siendo definida desde Sócrates como *mala conciencia moral*. Por lo demás, si "todos los sentimientos son amorales" ¿para qué continuar hablando de "sentimientos cuya expresión es sana" a diferencia de sus contrarios cuya expresión es "enferma"? Esta superficialidad reintroduce por la ventana lo que ha expulsado por la puerta, a saber, la condición buena o mala de los hechos morales. Personalmente no veo cómo superar este círculo vicioso. Quien no se siente culpable, aunque sufra, no necesita terapia; sin sentimiento de culpa no existe malestar psíquico, ni necesidad de sanación. Sé muy bien que al enseñar esto me sitúo fuera de los mitos dominantes, aferrados como están a la indistinta identificación entre *culpabilidad* y *culpabilismo*. De todos modos, si malo es el culpabilismo con su eterno rumiar el remordimiento, peor aún sería ignorar la culpa.

Tres formas básicas de esta nueva espiritualidad.

Espiritualidades naturistas o naturalistas. Aquí la creencia en el Dios padre cede su lugar (tras la crítica de Freud al padre) en favor de la creencia en la Madre naturaleza dispensadora de todos los bienes a la que se tiende a venerar sobre todo en un contexto de crisis ecológica propiciada por sus propios hijos. Dicha madre eterna nos mantendría en sus brazos siempre, a través de ciclos del eterno retorno a ella misma mediante reencarnaciones y mutaciones incesantes: ella no permite que sus hijos se vayan para siempre, y les haría volver con mutantes formas renovadas. Ligado a esto puede ir la estricta observancia dietética *natural*. Los frutos alimenticios surgidos de la eterna Naturaleza son sacralizados, la alimentación natural humaniza al hombre a la vez que lo naturaliza, de ahí la consideración de los gordos como impuros e indignos (muchas anorexias proceden en última instancia de esta presión-represión). En tal contexto goza de reputación paralitúrgica el ejercicio corporal cultista y escultista, el senderismo, la bici, los masajes que reflejan una tendencia obsesiva neurótica de preocupación por la salud, la vigilancia rigurosísima de la báscula, etc.

Espiritualidades fantásticas. Rebrotan con fuerza las actitudes mistéricas, crípticas, ocultistas, astrales. En esa línea se sitúan pese a su interna pluralidad parapsicólogos, teósofos, curanderos, espiritistas, ufólogos, astrólogos, radioestetas, numerólogos, alquimistas, grafólogos, nigromantes, tarotistas, etc. Este recurso a lo fantástico se traduce en: *a)* La búsqueda de la pista del corazón del universo en cuyo alquímico centro se cocería a borbotones la farmacopea del sentido último donde siempre se presiente que hay algo más, pudiéndose intentar acceder a ello a través de la fantasía como instrumento de ruptura con lo normal, a modo de una primera vuelta de rosca sin fin donde predomina la dislocación, el exabrupto, la magia del contacto con el más allá a través de los *mediums*. *b)* La exaltación del mundo del miedo como base de lo fantástico, que no sólo busca una evasión sino incluso la llave del secreto cósmico, la teogonía imaginativa que haga desaparecer cualquier consideración de la persona humana como centro del cosmos creado por Dios para ella; en consecuencia, lejos de buscarse a Dios a través de su relación con la persona creada a imagen y semejanza divina se cultivan los enigmas de los recovecos cósmicos, en lo oscuro y tenebroso incluso, en el reino de la noche. *c)* En ciertos casos se ejerce directamente el culto al mal, al diablo, etc. El placer del displacer, la hipnosis, el lenguaje disfrazado, suelen servir de recurso para encapuchados, monstruos, licántropos, vampirismos, misas negras que culminan en orgías, en bacanales, incluso en horrendos crímenes rituales satánicos: todo con tal de que ayude a superar el tedio cotidiano y la depresión neurótica.

Espiritualidades orientalistas. Si los naturistas tienden a recogerse en agrupaciones ruralistas y comuneras, y los fantasiosos pueblan las tinieblas, los orientalismos con sus ritos iniciáticos y sus vivencias extáticas, tienen a gala agruparse en microclimas de corte monástico, introspectivo, tonificante, buscando la relajación, la calma, la paz interior, ser uno con la naturaleza, la fusión cósmica para desasirse del propio ego. Ese no buscar para no sufrir por culpa del apego al yo y para entrar en la paz del nirvana expresa el deseo de liberación de lo particular: la era del Nepal, del Tibet, del Katmandú, del ni afirmar ni negar, del observar tranquilo con los nervios de acero, de la superación de toda tensión, del mejor biorritmo. Adoptar actitudes posturales contemplativas, todo eso parece tender a un cierto fatalismo panteísta cósmico y místico en contraposición con el profetismo una vez que se ha renunciado a cambiar el mundo y la justicia en esta tierra.

El falso humanismo espiritualista. El último catálogo de la *Unesco* promociona a *paragnostas*, sensitivos y demás *anomalólogos.* Capra, *catcherall* en todos los idiomas, asegura ser un físico inspirado en el orientalismo mediante su amalgama ridícula de ambos, física y oriente; los físicos profesionales le tachan de ignorante y engañabobos; para sus innúmeros *fans* en todo el mundo (libros de aeropuerto, superventas) un *explicalotodo.* Solo en tiempos rebañegos se explican semejantes casos de *megapercepción,* de los desquiciados que precisan autoayuda y al mismo tiempo en bufón de los empresarios a los que embauca con sus cursillos por precios astronómicos (aquí, en los precios *astro*nómicos que cobra a sus adoradores, sí que se hace presente, por cierto, su *astro*nomía). El nuevo orden que propugna es la *New Age* de lágrima y mucosidad para hombres de noventa centímetros, los cuales son de cuidado por tres motivos: primero, por reducción de masa, de donde su carácter intenso; segundo, por la poquedad de su peso, que los hace listos y rápidos, y tercero por la ira crónica de verse tan chiquitos, la cual les vuelve malignos. Y así estamos. Sólo por pereza y falta de formación puede seguir calificándose a Abraham Maslow de *psicólogo humanista:* «considero a la psicología humanista como algo transitorio hacia una cuarta psicología aún más elevada, una psicología transpersonal, transhumana, centrada en el cosmos más que en el bien y necesidades del hombre, que trascienda la naturaleza del hombre, su identidad, autorrealización, etc. Creo que la tarea es la elaboración de una psicología humanista y transpersonal»[89]. Lo que ocurre es que esta pretensión maslowiana de convertir el humanismo en *transhumanismo* es inhumanista. ¿A quién podría extrañar la *transbrujería* y las *transterapias* telúricas orientalistas que abandonan las terapias de la persona? Pero, en beneficio de la duda, ¿cómo sería el *transpsicólogo*, vendría de un *transplaneta?*, ¿o acaso podríamos ahorrarnos un viaje *transgaláctico* tan costoso, porque esa supuesta *transdimensión* tiene su sede en la *autotrascendencia* situada en nosotros mismos?, ¿es, pues, a retornar a Sócrates a lo que al fin y al cabo nos invita toda esta verborrea?

¿De qué espiritualidad hablamos? ¿Conoces el *zazén?* Siéntate apaciblemente sobre un *zafú* en una habitación silenciosa, perfectamente inmóvil y sin pronunciar ninguna palabra: estás ya en el espíritu vacío de todo pensamiento. Debes abandonar toda intención, renunciar a alcanzar cualquier meta. Concéntrate. Al cabo de algunos meses, de algunos años, podrás automática e inconscientemente practicar *gyodo* (la Vía, el fruto del verdadero *zen*) con todo tu cuerpo, sin esfuerzo de la voluntad. Entonces alcanzarás la plenitud de un verdadero líder dotado de gran profundidad de supervisión, aunque todas las existencias de la tierra, el agua, el fuego, el viento y todos los elementos se desintegren, aun cuando los ojos, las orejas, la nariz, la lengua, el cuerpo y la conciencia se encuentren en el error y en la turbulencia. Para los menos entregados bastará con senderismo, dieta y báscula porque quien mueve las piernas mueve el corazón. Todo sea

---

[89] Maslow, A-H: *El hombre autorrealizado*. Ed. Kairós, Barcelona, 1987, pp. 12-13.

por la santa causa y por la espiritualidad gratificante del propio yo entusiasmado con sus buenas vibraciones, su sentimiento de plenitud, su amortiguamiento de la inquietud, su madurez inmovilista, su misticismo, su egoísmo perfumado.

Esa *espiritualidad narcisista* que como un reguero de pólvora se ha ido estableciendo en la posmodernidad. Narciso se contempla ante el espejo limpio de toda culpa, y de su autolatría salen siempre estas divinas palabras: *No es Mi Culpa.* Nada de daño al otro. Un ejemplo del 2019: «*el cuerpo en la Educación-Despertar de los sentidos.* Objetivo: realización de un taller de expresión globalizada con un tema centralizador, el análisis corporal de lo Femenino y lo Masculino. Sensibilización, desde la unión cuerpo-mente, para la presencia de las energías femenina y masculina. Conciencia de la fuerza de atracción y rechazo que tales provocan en las relaciones cotidianas y las relaciones humanas». ¡Bravo, Narciso, qué bien luces, cómo interactúas contigo mismo, con tu fina sensibilidad!, ¡oh brillante guerrero vikingo, endereza tu pasarela y tu barra fija hacia la lucha; usa la paz y relajación del *zen* y de las artes marciales para competir dando la apariencia de noble rival con una mística de guerrero generoso! Escucha, pues, si te place, bondadoso efebo: «conoce a tu adversario y conócete a ti mismo; cien combates sostenidos serán cien victorias. Si ignoras a tu adversario y te conoces a ti mismo, las probabilidades de perder y de ganar serán iguales. Si ignoras a la vez a tu adversario y a ti mismo, tus combates no serán más que derrotas» (Sun Tse).

Bushido, la *vía del samurai,* fusión del budismo y del sintoísmo, se resume en siete puntos: *Gi,* la decisión justa en la ecuanimidad, la verdad. *Yu,* la bravura teñida de heroísmo. *Jin,* el amor universal, la benevolencia hacia la humanidad. *Rei,* el comportamiento justo. *Makoto,* la sinceridad total. *Mejyo,* el honor y la gloria. *Chugi,* la devoción y lealtad. Pero todo eso dando patadas, claro está. Entrevista a Taisen Deshimaru: «el año pasado vi en Kyoto a dos maestros de *kendo*, de alrededor de ochenta años, que se enfrentaban en torneo; durante cinco minutos se pusieron uno frente al otro, sable en mano, punta contra punta, sin moverse, absolutamente sin moverse. Y al cabo de cinco minutos el árbitro declaró combate nulo, *Kiki Wate.* —Sí. Cuando alguien se mueve muestra siempre sus puntos débiles. Allí donde los jóvenes se hubieran batido vigorosamente en ataques y acciones más o menos desordenadas, allí donde los hombres de edad madura hubieran hecho entrar en juego toda la experiencia de su técnica, los dos viejos maestros de artes marciales se contentaron con un combate de espíritu, por y con los ojos. Si uno de los dos se hubiera movido, su conciencia se habría movido también, y habría manifestado un fallo. El primero que se hubiera debilitado habría perdido radicalmente ya que el otro reaccionaría rápidamente»[90].

Adiós, pues, a la espiritualidad de san Francisco: «hermano León, no te preocupes tanto de la pureza de tu alma. Vuelve tu mirada hacia Dios. Admírale. Alégrate de lo que Él es, Él, todo santidad. Dale gracias por Él mismo. Es eso mismo, hermanito, tener puro el corazón. Y cuando te hayas vuelto así hacia Dios, no vuelvas más sobre ti mismo. No te preguntes en dónde estás con respecto a Dios. La tristeza de no ser perfecto y de encontrarse pecador es un sentimiento todavía humano, demasiado humano. Es preciso elevar tu mirada más alto. El corazón puro es el que no cesa de adorar al Señor vivo y verdadero. Toma un interés profundo en la vida misma de Dios y es capaz, en medio de todas sus miserias, de vibrar con la eterna inocencia y alegría de Dios. Un corazón así está a la vez despojado y colmado. Le basta que Dios sea Dios. En esto mismo encuentra toda su paz, toda su alegría y Dios mismo es entonces su santidad».

---

[90] VVAA: *Zen y artes marciales*. Luis Cárcamo Editor, Madrid, 1993, pp. 53-54.

Primero las cosas, luego los animales, después las personas tratadas como cosas y como animales

La última escala axiológica de la calle: las cosas son más valiosas que los animales y los animales más que las personas. El nihilista Federico Nietzsche llevó a cabo la transvaloración de los valores con la pretensión de poner patas arriba cada una de las convicciones que hasta ese momento regían el mundo, y en parte lo logro; sin embargo, aunque Nietzsche no lo hubiera esperado jamás, a aquella primera transvaloración suya le ha seguido en nuestros días otra, fuertemente pregnante en las universidades, donde las cosas son más valiosas que los animales y los animales más que las personas.

La incorrecta fundamentación de la dignidad personal en la naturaleza. En la naturaleza lo más *natural* es que el pez gordo se trague al chico, que el lobo devore al cordero, y desde esa perspectiva lo anormal sería pretender que el cordero devorase al lobo, o que el pez chico tragase al grande; sólo a un niño se le ocurre indignarse con el *lobo malo* para defender al *corderito bueno*. En efecto:

a) Quien defendiese que el hombre es un mero animal más sobre la superficie de este planeta Tierra, no podría

209

protestar porque razas o individuos animales más fuertes exterminasen sistemáticamente a los más débiles.

b) Además, ¿cómo distinguir desde ese postulado entre derechos de personas y derechos de cosas, por qué no habrían de heredar fortunas cuantiosas los animales favorecidos por dueños enriquecidos?

c) Por otra parte, si no existiese ninguna diferencia *cualitativa* entre el ser humano y el animal, podría decirse *a burro muerto ceremonia concluida*; si nuestro sentido fuera el de limitarnos a reproducir el código genético en la estrecha capa de la biosfera, ¿entonces por qué escandalizarse de que a ciertos perros se les trate como a personas, y a tantas personas se les trate peor que a perros?

d) Si a los humanos no nos esperase otra cosa que el mero pudridero, ¿por qué habría de extrañarnos que, dadas las leyes de la oferta y demanda, se valorase más a los animales en vías de extinción (especies protegidas), que a los seres humanos?

e) Si finalmente argüimos que el ser humano es superior al animal tan sólo por la racionalidad de aquél y la irracionalidad de éste, ¿por qué no extrapolar dicho argumento hasta sus últimas consecuencias afirmando que los animales superiores más inteligentes tienen todos los derechos sobre los inferiores menos inteligentes, y así sucesivamente?

En este clima, ciertos ecologistas han formulado el lema *no es la naturaleza para el hombre, sino el hombre para la naturaleza*, lo cual conduce al *zoologismo*, y éste al *terracentrismo*. Nadie vea en nuestro razonamiento animadversión alguna contra el ecologismo, y mucho menos apología del devastacionismo a que los irresponsables humanos someten a la Naturaleza.

Peor que ser animal es que el ser humano haga animaladas. El día de carnaval, 13 de febrero de 2019, el excelentísimo

Ayuntamiento de Zaragoza fijó para ser leída ante miles de niños en una de las más céntricas calles zaragozanas esta proclama: «haced el animal mientras dure el carnaval; cantad, corred y pintad la pared; aporread las puertas; bebed, comed y saciaos hasta más no poder; perseguid los conejos; tirad las carteras, los libros y las notas» (carnaval infantil, organiza el Área de Educación y Cultura del Ayuntamiento de Zaragoza).

Esos niños ya jóvenes oficial con nocturnidad las paraliturgias específicas propias de su edad biopsicológica. Lo sorprendente es que muchos jóvenes consiguen vivir así hasta convertirse en viejos estúpidos entre el trabajo desbordado y la diversión estupefaciente y eufórico-depresiva en cuatro fases: *Expectativa*: ¿qué hay de malo en pasarlo bien? Si yo trabajo ¿por qué no puedo gastar mi tiempo y mi dinero como quiero? ¡No renuncies a nada! Grandes preparativos, encargo en las agencias de viajes, búsqueda de folletos, renovación del vestuario. *Realización*: aglomeraciones en la playa, mil incomodidades de un gregarismo abarrotado, ruidoso, dominguero. *Decepción*: cuando cae la tarde tenemos que añadir una arruga más a nuestra piel, un billete menos a nuestro bolsillo. *Encamamiento:* ¿Cómo salir de ahí? Yéndonos a la cama. Diagnóstico: neurosis noógena, es decir, generada por la propia mente.

Los animales no valen más que las personas

Los animalistas, cansados del género humano, buscan en la república de los animales una solución a todos los males del mundo, pero de entrada no todos los animales son iguales, y no serían demasiados los animalistas que prefiriesen convivir con ratas y cucarachas antes que con osos panda. A la corta o a la larga cae el burro con la carga. Por otra parte, los animales no son *buenas personas*, pues los individuos se matan entre sí, las especies luchan y los más débiles perecen. *Perro de abajo frente a perro de arriba*. La garrapata espera en las ramas de cualquier arbusto para caer sobre algún animal de sangre caliente. La proximidad de la presa se la indica a ese animal ciego y mudo el sentido del olfato, que sólo está despierto al único olor que exhalan todos los mamíferos: el ácido butírico. Ante esa señal se deja caer, y cuando lo hace sobre algo caliente y ha alcanzado su presa, prosigue por su sentido del tacto y de la temperatura hasta encontrar el lugar más caliente, el que no tiene pelos, donde perfora el tejido de la piel y chupa la sangre. El mundo de la garrapata consta solamente de percepciones de luz y de calor y de una sola cualidad odorífera. Está probado que no tiene sentido del gusto. Una vez que ha concluido su primera y única comida, se deja caer en el suelo, pone sus huevos y muere. Naturalmente, sus posibilidades son escasas. Para asegurar la conservación de la especie, un gran número de esos animales espera sobre los arbustos, pues cada uno de ellos puede esperar largo tiempo sin alimento. Se han conservado con vida garrapatas que estuvieron dieciocho años sin comer. Ellas sí.

También resulta muy importante el pedigrí, por lo cual no todos llevan a sus gatitos a peluquerías para que después del lavado y el aclarado y el perfumado les pongan lacitos color de rosa en sus felinas cabezas.

Por lo que hace a la expresión *no me gusta que me traten como a un animal* ella misma deja bastante claro que el así protestante se estima a sí mismo en más de lo que estima a cualquier otro animal, por mucho que determinadas personas sean tratadas como perros a los que nadie quiere sacar a mear, y ello por no hablar de los niños y de las niñas de la calle utilizados para compraventa de órganos y poco más, o de los niños y niñas destinados a la prostitución en determinadas agencias de viaje. Pero un perro que muere y que sabe que muere como un perro y que puede decir que sabe que muere como un perro no es un perro. Como tampoco es un humano quien apalea salvajemente a un animal. El hombre que maltrata a un animal es un mal hombre que hará lo mismo con sus semejantes en cuanto pueda.

Cuando en la escala de valores lo primero son las cosas y lo segundo los animales, las personas son vistas como cosas animalizadas y animales cosificados. Las personas reducidas a sus cuerpos cosificados valen menos que nada y que nadie. Cierta emisora de radio mete cada dos canciones una cuña sobre diferentes productos y clínicas de adelgazamiento: «pero ¿cómo, no has probado *Adelgasul*? Yo he perdido cinco kilos en tres semanas». La locutora con voz esquelética añade: «los diez primeros que lleguen a nuestra clínica obtendrán un descuento del 20%. Y además hacemos perder cinco kilos a la persona que le acompañe». Pero se puede engordar mucho con poco dinero; si tenemos en cuenta que andamos un tanto escasos de ideales, y si añadimos a esto la ansiedad, la prisa, el estrés y la publicidad se comprende el amor a la cazuela y el negocio de los tratamientos adelgazantes. Lo mismo nos mandan a hacer gárgaras que nos ponen una lavativa, nos endiñan un emplasto que un parche, nos recetan una pomada, luego un jeringazo y, te descuidas, un *electroshock*. Masajean, manosean, purgan, auscultan, rompen y rasgan hasta las oscuras regiones de la *autopsia* (visión de sí mismo), nos miran con Rayos X, vamos, inhale, diga treinta y tres elevado a treinta y tres, usted es un monstruo fantástico, tiene tres testículos, lo cual le compensa todo, ser cuellicorto, alopeda, seborreico y verrugoso, bájese los pantalones, cuerpo a tierra. Nos palpan y al final nos desahucian por siniestro total. ¿No querías clínica? Pues toma policlínica.

Con tanto trajín, y como era de esperar, no pocos andan deprimidos y no esperan nada; otros se mueven por el deseo, por el ego, por el salir adelante; ovejas sin pastor, viven de espaldas a los maestros, que no tienen. Amén del hambre de estómago sebáceo, ¿qué se hizo del hambre bienaventurado que comienza por compartir, y que cesa con Satanás, que hace que el héroe se termine con el fin de la película? En última instancia, *¿qué falta a esta generación?* Le falta espiritualidad, y no hablo aquí de esa melindrosa espiritualidad burguesa con dedos de cristal que nada acoge, tan parecida al peor fariseísmo. Hablo de esa espiritualidad que va a la cárcel por haber denunciado la injusticia después de haber rezado. *Rezar* en latín se dice *precare*; porque nuestra condición es *precaria* podemos rezar, de lo contrario corbata rosa de buena suerte, herradura y pata de conejo, mano de Fátima, rayas de la propia mano, horóscopo Tauro con ascendente en Virgo, *Yi-king* de la casa *Albin Michel*, fetiches de Oceanía y de Guinea. Y todo eso para no aullar bajo la mordedura de los propios deméritos. *No me puedo morir, soy el hombre más rico del mundo.* Arrogante, demasiado arrogante. Le es más fácil a un tigre ser totalmente tigre, dignamente tigre, que a un hombre ser hombre. Nosotros comemos como cerdos, cotorreamos como loros, nos contoneamos como pavos cuando nos alzamos desde el jergón de esclavo hasta el trono de soberano. En medio de tanta imbecilidad, y con el busto apoyado en una silla, Narciso marca en el aire los gestos del estilo de braza. Cada persona en su noche lo hace todo para evitar el coraje de tener miedo cayendo entonces en el miedo al miedo: sobre tu catedral, mi diarrea. Nos han atiborrado de mermelada espiritual, ahora nos atiborran de purés de caca. Eso sí, ¡de culpas nada!, ignorando que la ausencia de castigo es el peor de los castigos: nos deja sin corrección, corrompiéndonos en el mal.

Ahora bien, cuanto más se gira en torno a la supuesta plasticidad del deseo, tanto mayor es la crisis de sentido. Cuanto más posees, menos te posees a ti mismo. Muchas veces pasar de la pobreza a la opulencia es sólo cambiar de miseria. El tener ahoga al ser, embota la sensibilidad, genera soledad neurótica y miedo a la pérdida, propicia actitudes predadoras, competitividad salvaje, sumisión fetichista y envidias feroces, frustra a quien no posee, pero también a quien posee y quiere poseer más, enclaustra en los privilegios y en las privacidades, aísla, cercena utopías, impide las preguntas o las reduce a un muñón de oro, confunde la voluntad con el deseo, el querer con las querencias. Todo lo cual despersonaliza, y lleva a los padres a recriminar amargamente al hijo: "¡Nos hemos sacrificado para que tengas todo, y ahora tú nos pagas así!".

Por contagio, hasta los creyentes contemplan a Dios como una especie de banquero que anduviera contabilizando los méritos contraídos. El tener ciega, produce hipoacusia axiológica incluso a los creyentes que pretenden contabilizar el culto a Dios y al dinero. Y entonces... reímos menos, dirigimos más rápidamente a los demás, nos irritamos mucho más fácilmente, trasnochamos en exceso, nos fatigamos en demasía, raramente nos paramos a leer un libro, gastamos un tiempo desmesurado ante el televisor, y raramente oramos. Entonces multiplicamos nuestras propiedades si podemos, pero reducimos nuestros valores. Hablamos demasiado, amamos raramente y odiamos con mucha frecuencia. Aprendemos cómo ganar la vida, pero no vivimos esa vida, la perdemos. Añadimos años a la longevidad de nuestra existencia, pero no añadimos vida a la longevidad de nuestros años. Vamos a la luna y volvemos de la luna, pero estamos en la luna porque tenemos dificultad para atravesar la calle y para encontrarnos con nuestros vecinos. Conquistamos el espacio exterior, pero no nuestro espacio interior. Emprendemos empresas mayores, pero no sabemos acometer empresas cotidianas, las de nuestra propia vida diaria. Limpiamos el mar, pero polucionamos el alma. Dividimos el átomo, pero no nuestros prejuicios. Estudiamos más, pero aprendemos menos. Tenemos más escuelas, pero menos maestros. Más aulas y menos escuelas. Más conocimiento, y menos poder de juicio. Planeamos más, pero realizamos menos. Tenemos edificios más altos y calles más largas, pero puntos de vista más estrechos. Tenemos más, pero somos menos. Cuanto más, menos. Cuanto menos, más. Aprendemos a correr contra el tiempo, pero no a esperar con paciencia. Obtenemos mayores rendimientos económicos, pero nuestro rendimiento moral decrece. Tenemos más comida, pero peor reparto. Incentivamos y competimos, pero carecemos de paz. Construimos más computadoras para almacenar más información y para producir más copias que nunca, pero disponemos de menos comunicación. Hemos logrado avances en la cantidad, pero no en la calidad. Cuanto mejor, peor. Estos son tiempos de comidas rápidas y de digestiones lentas; de personajes altos y de personalidades bajas. De ganancias bursátiles, pero de hemorragias y pérdidas de humanidad. Son tiempos en los que se habla de paz mundial, pero en ellos perdura la guerra en las casas. Tenemos más ocio envasado, pero menos diversión; también tenemos mayor variedad de comidas, pero menos nutrición. Tenemos más residencias para ancianos, pero menos familias, pues aunque disfrutamos de casas mejores y de familias más ilustradas, disponemos de menos tiempo para el encuentro. A más cantidad menos calidad. Son días de viajes rápidos y de llegadas lentas, de usar y tirar todo, especialmente lo más descartable: la moralidad. Moralidad para una sola noche. Cuerpos sobrecargados de peso, y pastillas que hacen de todo: alegrar, aquietar, excitar, matar. Son tiempos con mucho en los escaparates y nada en el interior. Todo a cien, porque niños esclavos fabrican esos objetos como en los tiempos de los faraones. Es un hoy duro sin un mañana claro, de dicciones y de predicciones, pero sin expectativas ni prospectivas, un tiempo de profecías y de horóscopos cargados de designios banales. La gente espera el cumplimiento de grandes profecías y no ve que ante sus propias narices está llegando el Apocalipsis, por eso tan falsas profecías no son más que ocultación de los signos de evidencia profética. Es un tiempo que amodorra su somnolencia en la madrugada decepcionada. Es un tiempo de apología de los sentidos y de ausencia de sentido. De autoridades, pero no de autoridad. De libertades, pero no de libertad. Cuanto más plural, menos singular. Y, mientras tanto, son castigados con decalvación y hambre los pobres, cuanto más numerosos menos significativos socialmente: hay un perro amarillo rondando por cada casa.

El humilladero

Indiscutible parece que a muchos les fue y les va bien en sus vidas, pero a otros tantos la felicidad les resulta tan esquiva como a Abderramán III, el califa cordobés que anotó en su testamento: «He reinado más de cincuenta años, en victoria o paz. Amado por mis súbditos, temido por mis enemigos y respetado por mis aliados. Riqueza y honores, poder y placeres guardaron mi llamada para acudir de inmediato. No existe terrena bendición que me haya sido esquiva. En esta situación he anotado diligentemente los días de pura y auténtica felicidad que he disfrutado: suman catorce». O más esquiva incluso, si atendemos al hipocondriaco y malhumorado Winston Churchill pegado tóxicamente a su cigarro puro: «la salud es un estado transitorio entre dos periodos de enfermedad que por lo tanto no augura nada bueno».

Persona es el sustantivo y *crisis* el adjetivo, ya sea de crecimiento o de defunción, aunque separarlas draconianamente también tiene un aire infantil, porque una y la misma es la crisis de crecimiento que la de decrecimiento. Mi época ha conocido tres etapas incompatibles, aunque causalmente explicables: la creyente teocéntrica, la atea militante, y la agnóstica en *re* menor, es decir, aferrada a cosas menores. Pese a esas mutaciones, para los oídos más atentos al ruido de las galaxias, que los pitagóricos denominaban *armonía de las esferas celestes* y los gnósticos *rumor de ángeles,* nunca desapareció del todo un mismo ruido de fondo perturbador, rumor de las desdichas: «oyendo los gritos de alegría que subían de la ciudad, Rieux tenía presente que esta alegría está siempre amenazada, pues él sabía que esta muchedumbre dichosa ignoraba lo que se puede leer en los libros: que el bacilo de la peste no muere ni desaparece jamás, que puede permanecer durante decenios dormido en las alcobas, en las bodegas, en las maletas, los pañuelos y los papeles, y que puede llegar un día en que la peste, para desgracia y enseñanza de los hombres, despierte a sus ratas y las mande a morir en una ciudad dichosa» (Camus). Hoy por ti, mañana por mí.

Existe en la ciudad de Guadalajara, México, un hermoso edificio denominado *El humilladero,* y cuando lo contemplo me viene Quevedo:

«—Díjome la muerte, ¿qué miras?

—Miro el infierno y me parece que lo he visto otras veces.

—¿Dónde?, dije yo.

—En la codicia de los jueces, en el odio de los poderosos, en las lenguas de los malvados, en las malas intenciones, en las venganzas, en el apetito de los lujuriosos, en la vanidad de los príncipes».

El humilladero es para mí la citada retahíla: la corbata rosa de buena suerte, la herradura y pata de conejo, la mano de Fátima, las rayas de la propia mano, el horóscopo Tauro con ascendente en Virgo, el *Yi-king* de la casa *Albin Michel,* los fetiches de Oceanía y de Guinea, el *no me puedo morir, soy el hombre más rico del mundo,* el comer como cerdos, el cotorrear como loros, el contonearse como pavos, el olisquear el trono del soberano. En medio, y con el busto apoyado en una silla, Narciso marca en el aire los gestos del estilo de braza; para él muchas elecciones existenciales no significan ninguna elección real. Cada uno en su noche, tratando de evitar el coraje de tener miedo, cae en el miedo al miedo: sobre su catedral, su diarrea, nos han atiborrado de mermelada espiritual, ahora nos atiborran de purés de caca, ignorando que la ausencia de castigo es el peor de los castigos: nos deja sin corrección, corrompiéndonos en el mal. Corriente abajo, como peces muertos, el hermano entregará a su hermano a la muerte, y el padre a su hijo, y los hijos se alzarán contra sus padres y les darán muerte.

—¿Nombre y apellido?: Desamparado, indigente.

—¿Profesión?: Cesante.

—¿Domicilio?: Transeúnte.

—¿Estado civil?: Marginado.

—¿Grupo sanguíneo?: Insolvente.

Aunque el mundo entero nadase en la abundancia del rey Midas y estuviese tan forrado de oro como él, un mundo donde sólo hubiera una sola persona en esas condiciones sería un mundo por renovar, y lo mismo hay que decir cuando se viola a una persona valiéndose del supremacismo que fuere. Si el mundo no mejora para todos, aún no ha mejorado lo que hubiera debido.

En Torino, el gran Federico Nietzsche se precipita hacia el espejo, se mira, se aparta horrorizado. Antes, en el tren que lo conducía a Basilea, lo único que reclamaba con insistencia a su madre era un espejo. No sabía ya quién era, se buscaba, y él, tan ávido de sí mismo, no tenía ya, para encontrarse, sino el más vulgar de los recursos. Y esto que le ocurría a un hombre sumido en la noche de la locura le sucede —y con menor categoría— a toda una civilización que vive en la barbarie sin darse cuenta de ello: la barbarie de buscar el rostro del yo humano en el espejo de las cosas. *Según su vida así fue su muerte, según su muerte, así fue su vida.* Queda mejor en latín: *sicut vita, finis ita.*

221

Sea como fuere, son todavía demasiado pocos los locos que, pese al acusado blasfemar del filósofo, han cubierto a Nietzsche con su propio manto y velado su delirio con amor. Qué humilladero.

EDITORIAL ANAWIM

Quiénes somos

Sencillamente somos un pequeño grupo de cristianos, católicos, que hemos conocido el Amor de Dios. No sólo a nosotros sino a toda persona llamada a la existencia... y en un misterio cósmico que un día se revelará tras los dolores de parto, un Amor que envuelve y transfigura a toda criatura.

Esta vivencia, que ya ha trastocado todas nuestras vidas, es el motor de esta pequeña editorial. Una editorial que quiere estar atenta a los dolores del mundo, a ese caudal de sufrimiento que nadie puede calcular. Y a los destellos de belleza y de bondad que asoman por doquier, y a las esperanzas y alegrías de todas las gentes.

Qué pretendemos

En comunión con la Iglesia, con la conciencia de que sus llamadas más candentes, más ardientes, más comprometedoras, son desconocidas o situadas en un segundo plano en el alma de muchos hermanos. Así pues, una editorial para intentar, humildemente y confiando en la acción misteriosa de la Providencia, dar luz sobre unas «enseñanzas sociales» transidas de amor sobrenatural y de un lenguaje religioso personalista que remite al Señor de la Historia, Jesucristo...

Antiguas inquietudes que conservan todo su valor y vigor originales; personajes desconocidos, sorprendentemente desconocidos, y cuyas vidas son como una inaudita bocanada de esperanza y de verdad; nuevos retos, profundos, complejos, reducidos al fin a la sencillez de la respuesta del amor a cada cual... Todo con sabor a rebeldía, a disidencia, a la alegría del abandono en Dios a través de las luchas por un mundo justo y pacificado, hermanado a la sombra del Padre.

Todas las batallas que el papa Francisco ha expresado en la encíclica *Fratelli tutti*, todos los ámbitos de relación, con Dios, consigo, con los otros, con el universo... La no violencia activa y orante; la lucha por la paz; la justicia y la mística de la revolución social; el amor preferente por los últimos y los descartados; el inmenso y acallado mundo de los presos y prisioneros; los pueblos indígenas como custodios de sabidurías y últimos guardianes del paraíso acosado por la destrucción; las víctimas de los racismos y los combates por el honor y la libertad de todos; el universo de los adictos que aboca a los amores gratuitos; la dignidad de la mujer y el despliegue de todas sus específicas potencialidades; la complejísima e irresoluble cuestión de la identidad de los pueblos y el universalismo, solo abordable desde el espíritu con el que el Espíritu ungió a Gandhi; el mundo de las discapacidades y la justicia social y la voz que nos dice miremos a la persona en sí; los retos de la bioética desvinculados tanto de blasfemas sumisiones a la cultura dominante y sus leyes como de encorsetamientos conservadores... Y el ecumenismo de la pasión por el hombre, que nos conduce a encontrarnos en los caminos del sufrimiento con los hermanos separados. Y el rastrear huellas del Espíritu allí donde se manifiesten, en las religiones, en las culturas... El misterio de Israel, la fraternidad sobrenatural con las gentes del islam... Y la belleza de la Creación, el desafío de la suciedad, la desarmonía, la extinción...

Una mirada de tensión universal desde el misterio de la Iglesia, donde se abisman y se sacramentalizan los anhelos verdaderos de todo hombre y mujer, en todas las edades y latitudes.

Unos modos

Entonces... desproporción absoluta: desde la insignificancia y la pequeñez, pretensiones totales, querer llegar a escalar en medio de cánticos subversivos «las colinas creadoras de la protesta» (Martin Luther King), rodeados de una nube de testigos, como dice la Escritura.

Y en esta pequeñez agraciada cuidar los signos: un espíritu no lucrativo, querer ayudar a otros, si Dios lo permite y lo bendice, mediante la creación de trabajos vinculados a la marcha de la editorial. Permitir, por supuesto, la reproducción total o parcial de lo publicado. Usar de materiales lo más respetuosos posible de los dinamismos vitales de la «Hermana Madre Tierra» (San Francisco). Estar abiertos a la sorpresa respecto a las iniciativas.

OTROS TÍTULOS DE LA EDITORIAL

1.- SOBRE PETER MAURIN
(Dorothy Day)/
EASY ESSAYS. Ensayos simples
(Peter Maurin, maestro espiritual
de la sierva de Dios Dorothy Day)

2.-A LOS PUEBLOS INDÍGENAS
(San Juan Pablo II)

**3.-DE FRANCISCO,
EL ABORTO Y LA DERECHA**
(Gerardo López Laguna)

**4.-DIARIO DE UNA CONVERSIÓN.
DE LA HEROÍNA A LA INTIMIDAD CON DIOS**
(Pedro Miguel, 1968-1997)

**5.-UNA APROXIMACIÓN CRISTIANA
AL FENÓMENO DE LA ISLAMOFOBIA**
(Gerardo López Laguna)

**6.-EL CLAMOR DE LA GRACIA.
EL HOMBRE A LA LUZ DE NICOLAS CABASILAS**
(José Manuel Alonso Ampuero)

**7.-DOROTHY DAY Y PETER MAURIN.
PENSAMIENTO EN ACCIÓN POR LA PAZ Y LA JUSTICIA**
(Ana Colomer)

**8.-UN PROFETA COMO FUEGO.
PERFIL ESPIRITUAL DEL VENERABLE JOSÉ RIVERA**
(Julio Alonso Ampuero)